O jogo e
a educação infantil

Dados Internacionais de Catalogação na Publicação (CIP)
(Câmara Brasileira do Livro, SP, Brasil)

K61j Kishimoto, Tizuko Morchida.
   O jogo e a educação infantil / Tizuko Morchida Kishimoto. - Ed. rev. - São Paulo, SP : Cengage Learning, 2023.
   72 p. : il. ; 23 cm.

   3. reimpr. da ed. rev. de 2016.
   Inclui bibliografia.
   ISBN 978-85-221-2664-4

   1. Jogos educativos. 2. Educação pré-escolar. I. Título.

   CDU 372:796.11
   CDD 371.397

Índice para catálogo sistemático:
1. Jogos educativos 372:796.11

(Bibliotecária responsável: Sabrina Leal Araújo - CRB 10/1507)

O jogo e a educação infantil

Tizuko Morchida Kishimoto

Austrália • Brasil • México • Cingapura • Reino Unido • Estados Unidos

O jogo e a educação infantil
Edição revista
Tizuko Morchida Kishimoto

Gerente editorial: Noelma Brocanelli

Editora de desenvolvimento: Regina Helena Madureira Plascak

Supervisora de produção gráfica: Fabiana Alencar Albuquerque

Editora de aquisição: Guacira Simonelli

Especialista em direitos autorais: Jenis Oh

Revisão: Rosangela Ramos e FZ Consultoria

Projeto gráfico e diagramação: PC Editorial Ltda.

Pesquisa iconográfica: ABMM Iconografia e Tempo Composto

Ilustrações: Eduardo Borges e PC Editorial Ltda.

Capa: BuonoDisegno

© 2017, 1994 Cengage Learning, Inc.

Todos os direitos reservados. Nenhuma parte deste livro poderá ser reproduzida, sejam quais forem os meios empregados, sem a permissão, por escrito, da Editora. Aos infratores aplicam-se as sanções previstas nos artigos 102, 104, 106 e 107 da Lei nº 9.610, de 19 de fevereiro de 1998.

Esta editora empenhou-se em contatar os responsáveis pelos direitos autorais de todas as imagens e de outros materiais utilizados neste livro. Se porventura for constatada a omissão involuntária na identificação de alguns deles, dispomo-nos a efetuar, futuramente, os possíveis acertos.

A editora não se responsabiliza pelo funcionamento dos sites contidos neste livro que possam estar suspensos.

Para informações sobre nossos produtos, entre em contato pelo telefone **+55 11 3665-9900**.

Para permissão de uso de material desta obra, envie seu pedido para
direitosautorais@cengage.com.

ISBN-13: 978-85-221-2664-4
ISBN-10: 85-221-2664-X

Cengage
WeWork
Rua Cerro Corá, 2175 – Alto da Lapa
São Paulo – SP – CEP 05061-450
Tel.: (11) +55 11 3665-9900

Para suas soluções de curso e aprendizado, visite
www.cengage.com.br

Impresso no Brasil
Printed in Brazil
3. reimpr. – 2023.

Sumário

INTRODUÇÃO vii

1 – JOGO, BRINQUEDO E BRINCADEIRA 1
Características do jogo 3
Significados usuais dos termos jogo, brinquedo e brincadeira 7

2 – O JOGO NA EDUCAÇÃO 13
Jogo educativo 14
O significado atual do jogo na educação 19
O jogo na educação infantil 23
Jogos tradicionais infantis 25
Jogos de construção 30

3 – O JOGO INFANTIL SEGUNDO PIAGET, WALLON, VYGOTSKY E BRUNER 41

REFERÊNCIAS BIBLIOGRÁFICAS 51
Bibliografia classificada 57

Introdução

A necessidade de divulgar a importância do jogo na educação infantil estimula a autora a realizar pesquisas na área desde os anos 1980.

O trabalho de livre-docência denominado *O jogo, a criança e a educação*, defendido em 1992, na Faculdade de Educação da Universidade de São Paulo, deu origem à presente obra, destinada a pesquisadores e educadores interessados em compreender o jogo infantil.

No Capítulo 1, apresentam-se a discussão do significado do termo **jogo** e as diferentes modalidades em que se ramifica. Identifica-se, também, o sentido usual de palavras como **jogo**, **brinquedo** e **brincadeira**, utilizados como sinônimos em países como o Brasil.

O Capítulo 2, **O jogo na educação**, inicia-se com o histórico sobre a construção do termo jogo educativo ao longo da experiência europeia. Essa perspectiva esclarece o sentido desse termo, que se expande no seio das instituições infantis. O significado atual de jogo na educação, incluindo a função lúdica e a pedagógica, elaboradas a partir da adoção do jogo, por Froebel, nos jardins de infância, mostra o papel da pedagogia froebeliana nesse campo. Posteriormente, psicólogos investigam sua função no psiquismo infantil, na constituição de processos interiores e nas manifestações da conduta infantil.

O crescimento de estudos cognitivos, especialmente a partir dos anos 1960, estimula as pesquisas sobre o jogo infantil, trazendo novos parceiros provenientes de áreas como Antropologia, Sociologia, Linguística e História, gerando estudos interdisciplinares.

Entre a variedade de jogos infantis deu-se destaque aos jogos tradicionais infantis, marginalizados em decorrência do acelerado processo de industrialização e urbanização. O atual modo de vida das populações, sobretudo nas cidades, favorece o enfraquecimento de contatos interativos de crianças de diferentes idades com adultos, em grandes espaços públicos. A atualização e a recuperação dos jogos tradicionais infantis, considerados alternativas adequadas para fortalecer os processos interativos e enriquecer a cultura infantil, mobilizam professores e pesquisadores para seu estudo. O Capítulo 2 inclui, ainda, uma análise dos jogos de construção dentro da perspectiva teórica de Vygotsky.

As principais modalidades de jogos, mais comuns na educação infantil, que aparecem com a denominação de jogos tradicionais infantis, de construção, motores ou de exercício, simbólicos ou de faz de conta e de regras, analisados de acordo com referenciais teóricos encontram-se, especialmente, no Capítulo 3, denominado **O jogo infantil segundo Piaget, Wallon, Vygotsky e Bruner**.

Por fim, são apresentadas **referências bibliográficas**, organizadas segundo as quatro modalidades de jogos incluídas neste livro.

JOGO, BRINQUEDO E BRINCADEIRA

Existem termos que, por serem empregados com significados diferentes, acabam se tornando imprecisos, como o jogo, o brinquedo e a brincadeira. A variedade de jogos conhecidos como faz de conta, simbólicos, motores, sensório-motores, intelectuais ou cognitivos, de exterior, de interior, individuais ou coletivos, metafóricos, verbais, de palavras, políticos, de adultos, de animais, de salão e inúmeros outros mostra a multiplicidade de fenômenos incluídos na categoria jogo. A perplexidade aumenta quando observamos que diferentes situações receberem a mesma denominação.

Denominam-se jogo situações como disputar uma partida de xadrez, um gato que empurra uma bola de lã, um tabuleiro com piões e uma criança que brinca com boneca.

Na partida de xadrez, há regras externas que orientam as ações de cada jogador. Tais ações dependem, também, da estratégia do adversário. Entretanto, nunca se tem a certeza do lance que será dado em cada passo do jogo. Esse tipo de jogo serve para entreter amigos em momentos de lazer, situação na qual predomina o prazer, a vontade de cada um de participar livremente da partida. Em disputa entre profissionais, dois parceiros não jogam pelo prazer ou pela vontade de jogar, mas são obrigados por circunstâncias como o trabalho ou a competição esportiva. Nesse caso, pode-se chamá-lo de jogo?

O gato que rola uma bola tem o comportamento igual ao de uma criança que brinca com a bola? Enquanto a criança tem consciência de seus atos, escolhe deliberadamente brincar, ou não; no caso do gato, não seriam os instintos biológicos do animal os estimulantes da ação de rolar a bola? Pode-se afirmar que o jogo do animal é semelhante ao jogo infantil?

Um tabuleiro com piões é um brinquedo quando usado para fins de brincadeira. Teria o mesmo significado quando vira recurso do ensino, destinado à aprendizagem de números? É brinquedo ou material pedagógico? Da mesma forma, um tabuleiro de xadrez feito de material nobre como o cobre ou mármore, exposto como objeto de decoração, teria o significado de jogo?

A boneca é um brinquedo para uma criança que brinca de "filhinha", mas para certas tribos indígenas, conforme pesquisas etnográficas, é símbolo de divindade, objeto de adoração.

A variedade de fenômenos considerados jogos mostra a complexidade da tarefa de defini-lo.

A dificuldade aumenta quando se percebe que um mesmo comportamento pode ser visto como jogo ou não jogo. Se para um observador externo a ação da criança indígena que se diverte atirando com arco e flecha em pequenos animais é uma brincadeira, para a comunidade indígena nada mais é que uma forma de preparo para a arte da caça necessária à subsistência da tribo. Assim, atirar com arco e flecha, para uns, é jogo; para outros, é preparo profissional. Uma mesma conduta pode ser jogo ou não jogo, em diferentes culturas, dependendo do significado a ela atribuído.

Wittgenstein, em *Investigações filosóficas* (1975), mostra que o mesmo nome jogo denomina coisas muito diferentes. O autor fala em parentesco entre eles:

> Refiro-me a jogos de tabuleiro, de cartas, de bola, torneios esportivos etc. [...] O que é comum a todos eles? Não diga: 'Algo deve ser comum a eles, senão não se chamariam 'jogos' – mas veja se algo é comum a todos. – Pois, se você os contemplar, não verá na verdade algo que seja comum a todos, mas verá semelhanças, parentescos, e até toda uma série deles. Como disse: não pense, mas veja! – Considere, por exemplo, os jogos de tabuleiro, com seus múltiplos parentescos. Agora passe para os jogos de cartas: aqui você encontra muitas correspondências com aqueles da primeira classe, mas muitos traços comuns desaparecem e outros surgem. Se passarmos aos jogos de bola, muita coisa comum se conserva, mas muitas se perdem. – São todos 'recreativos'? Compare o xadrez com o jogo da amarelinha. Há em todos um ganhar e um perder ou uma concorrência entre os jogadores? Pense nas paciências. Nos jogos de bola há um ganhar e um perder, mas se a criança atira a bola na parede e a apanha outra vez, este traço desaparece. Veja que papéis desempenham a habilidade e a sorte. E como é diferente a habilidade no xadrez e no tênis. Pense agora nos brinquedos de roda: o elemento de divertimento está presente, mas quantos dos outros traços característicos desaparecem! E assim podemos percorrer muitos, muitos outros grupos de jogos e ver semelhanças surgirem e desaparecerem.

> *Então este é o resultado desta consideração: vemos uma rede complicada de semelhanças, que se envolvem e se cruzam mutuamente. Semelhanças de conjunto e de pormenor. (§ 66)*
>
> *Não posso caracterizar melhor essas semelhanças do que com a expressão 'semelhanças de família', pois assim se envolvem e se cruzam as diferentes semelhanças que existem entre os membros de uma família: estatura, traços fisionômicos, cor dos olhos, o andar, o temperamento etc., etc. – E digo: os jogos formam uma família. (p. 42-43, § 67)*

Nesse texto, Wittgenstein mostra a dificuldade para compreender o jogo, uma vez que significados distintos são atribuídos ao mesmo termo. Para o filósofo, que questiona a lógica da linguagem, certas palavras só adquirem significado preciso quando interpretadas dentro do contexto em que são utilizadas. Por pertencer a uma grande família com semelhanças e diferenças, o termo jogo apresenta características comuns e especificidades. Dentro da variedade de significados, são as semelhanças que permitem classificar jogos de faz de conta, de construção, de regras, de palavras, políticos e inúmeros outros na grande família denominada jogos.

Para compreender a natureza do jogo, é preciso, antes de tudo, identificar as características comuns que permitem classificar situações entendidas como jogo nessa grande família; em seguida, precisar diferenciações que permitem o aparecimento de suas espécies (faz de conta, construção etc.) A analogia entre o jogo e a família, proposta por Wittgenstein, facilita a compreensão deste tema.

Características do jogo

Entre os autores que discutem a natureza do jogo, suas características ou, como diz Wittgenstein, "semelhanças de família", encontram-se Caillois (1967), Huizinga (1951), Henriot (1989) e, mais recentemente, Fromberg (1987) e Christie (1991a e 1991b).

Ao descrevê-lo como elemento da cultura, Huizinga (1951, p. 3-31) exclui o jogo dos animais e aponta as características relacionadas aos aspectos sociais: o prazer demonstrado pelo jogador, o caráter "não sério" da ação, a liberdade do jogo e sua separação dos fenômenos do cotidiano, a existência de regras, o caráter fictício ou representativo e a limitação do jogo no tempo e no espaço.

Embora predomine, na maioria das situações, o prazer como distintivo do jogo, há casos em que o desprazer é o elemento que caracteriza a situação lúdica.

Vygotsky é um dos que afirmam que nem sempre o jogo possui essa característica porque em certos casos há esforço e desprazer na busca do objetivo da brincadeira. A psicanálise também acrescenta o desprazer como constitutivo do jogo, especialmente ao demonstrar como a criança representa, em processos catárticos, situações extremamente dolorosas.

O caráter "não sério" apontado por Huizinga não implica que a brincadeira infantil deixe de ser séria. Quando a criança brinca, ela o faz de modo bastante compenetrado. A pouca seriedade a que faz referência está mais relacionada ao cômico, ao riso, que acompanha, na maioria das vezes, o ato lúdico e se contrapõe ao trabalho, considerado atividade séria.

Ao postular a natureza livre do jogo, Huizinga o coloca como atividade voluntária do ser humano. Sujeito a ordens, deixa de ser jogo. Só é jogo quando a ação voluntária do ser humano está presente. Quando brinca, a criança está tomando uma certa distância da vida cotidiana, está no mundo imaginário.

Embora Huizinga não aprofunde essa questão, ela merecerá a atenção de psicólogos que discutem o papel do jogo na construção da representação mental e da realidade.

A existência de regras em todos os jogos é uma característica marcante. Há regras explícitas, como no xadrez ou na amarelinha, bem como regras implícitas, como na brincadeira de faz de conta, em que a menina se faz passar pela mãe que cuida de sua filha. Nessa atividade são regras internas, ocultas, que ordenam e conduzem a brincadeira.

Finalmente, todo jogo tem sua existência em um tempo e espaço. Há não só a questão da localização histórica e geográfica, mas também uma sequência na própria brincadeira. Os lances dados numa partida de xadrez não podem ser invertidos, senão o resultado do jogo se altera.

Seguindo quase a mesma orientação de Huizinga, Caillois (1967, p. 42-43) aponta as seguintes características do jogo: a liberdade de ação do jogador, a separação do jogo em limites de espaço e tempo, a incerteza que predomina, o caráter improdutivo de não criar nem bens nem riqueza e suas regras.

Um novo elemento introduzido pelo autor é a natureza improdutiva do jogo. Entende-se que o jogo, por ser uma ação voluntária da criança, um fim em si mesmo, não pode criar nada, não visa a um resultado final. O que importa é o processo em si de brincar que a criança se impõe. Quando ela brinca, não está preocupada com a aquisição de conhecimento ou desenvolvimento de qualquer habilidade mental ou física. Essa análise de Caillois receberá, em outro capítulo, nova interpretação, visando complementá-la, quando a escola se apropria do jogo para educar a criança. Da mesma forma, a incerteza presente em toda conduta lúdica é outro ponto que merece destaque. No jogo, nunca se tem o conhecimento prévio dos rumos da ação do jogador. A incerteza está sempre presente. A ação do jogador dependerá, sempre, de fatores internos, de motivações pessoais, bem como de estímulos externos, como a conduta de outros parceiros.

Preocupado em explicitar o jogo, Henriot (1989) acompanha o raciocínio de Wittgenstein e identifica, dentro da multiplicidade de concepções sobre o jogo, eixo comum que as unem. Todo e qualquer jogo se diferencia de outras condutas por uma atitude mental caracterizada pelo distanciamento da situação, pela incerteza dos resultados, pela ausência de obrigação em seu engajamento. Desta forma, o jogo supõe uma situação concreta e um sujeito que age de acordo com ela. Portanto, para ter a dimensão completa do jogo, é preciso analisar dois elementos: a situação concreta, observável, compreendida como jogo e a atitude mental do sujeito, envolvido na atividade. Nem sempre a conduta observada por um pesquisador é jogo, uma vez que se pode manifestar um comportamento que, externamente, tem a semelhança de jogo, mas não está presente a motivação interna para o lúdico. É preciso, também, estar em perfeita simbiose com o jogador para identificar, em sua atitude, o envolvimento no jogo.

Muitas vezes, ao observar brincadeiras infantis, o pesquisador se depara com situações em que a criança manifesta a mesma conduta e diz: "agora eu não estou brincando", mas, logo em seguida, entra na brincadeira. O que diferencia o primeiro momento (não brincar) do segundo (brincar) é a intenção da criança. Esse fato mostra a grande dificuldade de realizar pesquisas empíricas sobre o jogo.

Mais recentemente, Christie (1991b, p. 4) rediscute as características do jogo infantil, apontando pesquisas atuais que o distinguem de outros tipos de comportamento. Utilizando estudos de Garvey (1977), King (1979), Rubin et al (1983), Smith e Vollstedt (1985) et al, a autora elabora os seguintes critérios para identificar traços que distinguem o jogo:

1. **a não literalidade** – as situações de jogo caracterizam-se por um quadro no qual a realidade interna predomina sobre a externa. O sentido habitual é ignorado por um novo. São exemplos de situações em que o sentido não é literal: o ursinho de pelúcia servir como filhinho e a criança imitar o irmão que chora;

2. **efeito positivo** – o jogo é normalmente caracterizado pelos signos do prazer ou da alegria. Entre os sinais que exteriorizam a presença do jogo estão os sorrisos. Quando brinca livremente e se satisfaz, nessa ação, a criança o demonstra por meio do sorriso. Esse processo traz inúmeros efeitos positivos na dominância corporal, moral e social da criança;
3. **flexibilidade** – as crianças estão mais dispostas a ensaiar novas combinações de ideias e de comportamentos em situações de jogo que em outras atividades não recreativas. Estudos como os de Bruner (1976) demonstram a importância do jogo para a exploração. A ausência de pressão do ambiente cria um clima propício para investigações necessárias à solução de problemas. Assim, brincar leva a criança a tornar-se mais flexível e buscar alternativas de ação;
4. **prioridade do processo de brincar** – enquanto a criança brinca, sua atenção está concentrada na atividade em si e não em seus resultados ou efeitos. O jogo só é jogo quando a criança pensa apenas em brincar. **O jogo educativo** utilizado em sala de aula muitas vezes desvirtua esse critério ao dar prioridade ao produto, à aprendizagem de noções e habilidades;
5. **livre escolha** – o jogo só pode ser jogo quando selecionado livre e espontaneamente pela criança. Caso contrário, é trabalho ou ensino;
6. **controle interno** – no jogo, são os próprios jogadores que determinam o desenvolvimento dos acontecimentos. Quando o professor utiliza um jogo educativo em sala de aula, de modo coercitivo, não permitindo liberdade ao aluno, não há controle interno. Predomina, nesse caso, o ensino, a direção do professor.

Segundo Christie (1991b, p. 5), os indicadores mais úteis e relativamente confiáveis do jogo podem ser encontrados nas quatro primeiras características: a não literalidade, o efeito positivo, a flexibilidade e a finalidade em si. Para auxiliar pesquisadores na tarefa de discriminar se os professores concebem atividades escolares como jogo ou trabalho, os dois últimos são os mais indicados. Se a atividade não for de livre escolha e seu desenvolvimento não depender da própria criança, não se tem jogo, mas trabalho. Já existem estudos no Brasil, como o de Costas (1991), que demonstram que as crianças concebem como jogo somente aquelas atividades iniciadas e mantidas por elas.

Para Fromberg (1987, p. 36), o jogo infantil inclui as seguintes características: **simbolismo**, ao representar a realidade e atitudes; **significação**, uma vez que permite relacionar ou expressar experiências; **atividade**, ao permitir que a criança faça coisas; **voluntário ou intrinsecamente motivado**, ao incorporar seus motivos e interesses; **regrado**, de modo implícito ou explícito; e **episódico**, caracterizado por metas desenvolvidas espontaneamente.

Em síntese, excetuando os jogos dos animais, que apresentam peculiaridades que não foram analisadas, os autores assinalam pontos comuns como elementos que interligam a grande família dos jogos: liberdade de ação do jogador ou o caráter voluntário e episódico da ação lúdica; o prazer (ou desprazer), o "não sério" ou o efeito positivo; as regras (implícitas ou explícitas); a relevância do processo de brincar (o caráter improdutivo), a incerteza de seus resultados; a não literalidade ou a representação da realidade, a imaginação e a contextualização no tempo e no espaço. São tais características que permitem identificar os fenômenos que pertencem à grande família dos jogos.

Significados usuais dos termos jogo, brinquedo e brincadeira

O que oferece dificuldade para a conceituação de jogo é o emprego de vários termos como sinônimos. Jogo, brinquedo e brincadeira têm sido utilizados com o mesmo significado.

No Brasil, estudos de Bomtempo, Hussein e Zamberlain (1986), Oliveira (1984) e Rosamilha (1979) apontam para a indiferenciação no emprego de tais termos. Segundo o dicionário Aurélio (HOLANDA, 1983, p. 228), o termo brinquedo pode significar indistintamente **objeto que serve para as crianças brincarem; jogo de crianças e brincadeiras**. O sentido usual permite que a língua portuguesa referende os três termos como sinônimos. Essa situação reflete o pouco avanço dos estudos na área.

Para evitar tal indiferenciação neste trabalho, **brinquedo** será entendido sempre como **objeto, suporte de brincadeira, brincadeira como a descrição de uma conduta estruturada, com regras, e jogo infantil para designar tanto o objeto como as regras do jogo da criança. (brinquedo e brincadeiras)**.

Dar-se-á preferência ao emprego do termo jogo quando se referir a uma descrição de uma ação lúdica que envolve situações estruturadas pelo próprio tipo de material, como no xadrez, trilha e dominó. Os brinquedos podem ser utilizados de diferentes maneiras pela própria criança, mas jogos como o xadrez (tabuleiros, peças) trazem regras estruturadas externas que definem a situação lúdica.

Segundo a definição de Beart (apud CAMPAGNE, 1989, p. 28), **o brinquedo é o suporte da brincadeira, quer seja concreto ou ideológico, concebido ou simplesmente utilizado como tal ou mesmo puramente fortuito**.

Essa definição, bastante completa, incorpora não só brinquedos criados pelo mundo adulto, concebidos especialmente para brincadeiras infantis, como os que a própria criança produz de qualquer material ou investe de sentido lúdico. No último caso, colheres, pratos e panelas têm servido como suporte de brincadeira, adquirindo o sentido lúdico, representando, por exemplo, instrumentos musicais, pente, entre outros.

Brougère (1981), no trabalho denominado *Le jouet ou la production de l'enfance*, mostra que brinquedos construídos especialmente para a criança só adquirem o sentido lúdico quando funcionam como suporte de brincadeira. Caso contrário, não passam de objetos. É a função lúdica que atribui o estatuto de brinquedo ao objeto fabricado pela indústria de brinquedo ou a qualquer outro objeto. Se uma casa de boneca é objeto decorativo em sala de jantar, disposta em locais apropriados de uma instituição infantil, funciona como objeto simbólico, estimulante de brincadeira para crianças, especialmente de 3 a 4 anos.

É possível entender o brinquedo em outra dimensão, como objeto cultural. Segundo Jaulin (1979, p. 5), o brinquedo não pode ser isolado da sociedade que o criou e reveste-se de elementos culturais e tecnológicos do contexto histórico social. Estudos como o de Oliveira (1986) mostram o brinquedo nessa perspectiva.

Outra vertente que explora o brinquedo provém de estudos históricos. O interesse em conhecer a origem e a evolução de brinquedos e jogos antigos como a boneca, a pipa ou o pião merecem alguns esclarecimentos.

Granje (na obra de JAULIN, 1979, p. 224-276) mostra a impossibilidade de escrever a **história do brinquedo**, focando na pesquisa sobre um objeto ou todos os objetos pertencentes a essa categoria, estudando circunstâncias e variações segundo o tempo e o lugar. À semelhança do jogo, o brinquedo não pertence a uma categoria única de objetos. Com várias manifestações, existência efêmera, como fazer séries históricas de milênios de brinquedos confeccionados com materiais perecíveis, esquecidos, como raminhos, seixos, raízes, vegetais, castanhas e espigas? Essa história deveria incorporar também objetos do mundo doméstico que passam a ter o sentido de brinquedo quando a função lúdica sobre eles incide. A caneta enquanto preenche sua função usual é apenas um objeto. Passa a ser brinquedo quando a criança a utiliza com outro significado (colher, pente).

Apesar da dificuldade de estudos de natureza histórica, destacam-se pesquisas sobre a boneca, por sua característica antropomórfica. Os vários registros encontrados em diversas culturas têm se constituído em material para análise de um grupo internacional de pesquisadores.

Para Granje (na obra de JAULIN, 1979, p. 268), **brinquedo conota criança**. O brinquedo tem sempre como referência a criança e não se confunde com a miríade de significados que o termo jogo assume. A história do brinquedo só pode ser feita em estreita ligação com a história da criança. O avanço de pesquisas acerca da imagem da criança em diferentes culturas mostra como os historiadores estão ampliando seu objeto de estudo atingindo a criança, seus brinquedos e jogos. Se, em tempos passados, os historiadores não se detinham nas descrições de brincadeiras infantis, hoje a situação se alterou com a multiplicação de pesquisadores interessados no tema.

Divergindo do brinquedo e da brincadeira, como já foi visto, o jogo por sua amplitude só se explicita dentro do contexto em que é utilizado. Neste trabalho, o foco de atenção privilegiará o jogo infantil.

Por ser uma categoria, com propriedades amplas que assumem significados distintos, o jogo foi estudado por historiadores (Huizinga, Caillois, Aries, Margolin, Manson, Jolibert), filósofos (Aristóteles, Platão, Schiller, Dewey), linguistas (Cazden, Vygotsky, Weir), antropólogos (Bateson, Schwartzman, Sutton-Smith, Henriot, Brougère), psicólogos (Bruner, Jolly e Sylva, Fein, Freud, Piaget) e educadores (Chateau, Vial, Alain).

Entre as várias perspectivas de análise do jogo, no campo da História, a iconografia de tempos passados mostra muito mais a metáfora do que a representação do real. Pintores do passado retratam a imagem de fragilidade propiciada pelas brincadeiras com bolhas de sabão que se espatifam no ar pela ação das crianças ou a vaidade estampada em cenas de crianças portando seus brinquedos. Outras apontam o caráter de pouca seriedade ridicularizando figuras políticas da época por meio de bonecos.

Apoiando-se sobre uma imagem negativa da criança, os jogos eram utilizados pelos adultos nas caricaturas políticas, divulgando a imagem de frivolidade e ridículo. Mais raras são as gravuras como a de Bruegel, que mostram em toda sua variedade os jogos tradicionais infantis presentes nos tempos passados.

Atualmente, em especial no campo da educação infantil, a perspectiva que predomina é a evolutiva. Psicólogos têm dado grande atenção ao papel do jogo na constituição das representações mentais e seus efeitos no desenvolvimento da criança, especialmente na faixa de 0 a 6 anos de idade. Muitos estudos de natureza metafórica explicitam, também, jogos para crianças de outras faixas etárias. Por envolver relações abstratas, analogias, jogos matemáticos e físicos que fazem comparações metafóricas são adequados, geralmente, para crianças com mais idade. Por exemplo, é possível ensinar certas equações matemáticas como $a=b$; $2a=2b$, $X=Y$ por meio de uma balança com objetos com o mesmo peso. Assim, pode-se dizer que objetos diferentes mas com o mesmo peso são iguais e, quando se aumenta um deles, é necessário aumentar o outro. O jogo permite visualizar concretamente a equação matemática em que se postula que X é igual a Y, ou que A é igual a B. Desta forma, pela brincadeira com balanças, a criança está aprendendo equações matemáticas, realizando comparações, analogias.

Estudos de natureza etnográfica procuram explicitar o jogo infantil dentro de cada cultura, investigando o cotidiano da criança.

Partidários de teorias antropológicas e fenomenológicas, como Henriot (1989) e Brougère (1981), emitem conceitos de jogo de acordo com o fenômeno e o uso que se faz dele. Historiadores, como Jolibert (1981), Aries (1978) e Margolin (1982), propõem o estudo do jogo com base na imagem que cada contexto forma da criança.

Filósofos e psicólogos também apresentam concepções diversas de jogo infantil. Para uns, o jogo representa a possibilidade de eliminar o excesso de energia represado na criança (Spencer). Para outros, prepara a criança para a vida futura (Gross), ou, ainda, representa um instinto herdado do passado (Stanley-Hall), ou mesmo um elemento fundamental para o equilíbrio emocional da criança (Freud, Claparède, Erikson, Winicott). Entre representantes da psicologia cognitiva, o fenômeno jogo assume os seguintes significados: para Wallon (1981), é uma forma de infração do cotidiano e suas normas. Bruner (1976) tem interpretação semelhante ao atribuir ao ato lúdico o poder de criar situações exploratórias propícias para a solução de problemas. Vygotsky (1988) e Elkonin (1984) entendem a brincadeira como uma situação imaginária criada pelo contato da criança com a realidade social. Piaget (1976), tendo como princípio básico a noção de equilibração como mecanismo adaptativo da espécie, admite a predominância na brincadeira de comportamentos de assimilação sobre a acomodação.

Na área da educação, teóricos como Chateau (1979), Vial (1981) e Alain (1986) assinalam a importância do jogo infantil como recurso para educar e desenvolver a criança, desde que respeitadas as características da atividade lúdica.

Trifu (1986) classifica as definições do jogo em duas categorias metodológicas: as que descrevem manifestações externas com uma análise superficial dos processos internos do animal ou ser humano, criança, adolescente ou adulto, primitivas ou contemporâneas e as que utilizam as manifestações externas para explicitar os processos internos.

Para as teorias externalistas, as concepções do jogo aparecem como dispêndio de energia física, como meio de preparação para a vida adulta, como imitação da vida e das atividades do adulto ou, ainda, como distração. Tais propostas são criticadas por Millar (apud TRIFU, 1986, p. 227), uma vez que apontam apenas a ausência de pesquisas na área, ou cuidam de aplicações práticas ou mesmo tratam superficialmente os processos internos relacionados com a atividade lúdica.

As teorias que discutem os processos internos relacionados ao comportamento lúdico focalizam o jogo como representação de um objeto. Entre seus representantes estão Piaget, Vygotsky, Freud, Caillois, Huizinga. Tais estudos, ao considerarem a realidade interna (representação) e o ambiente externo (papéis, objetos, valores, pressões, movimentos etc.), permitem uma determinação teórica mais completa.

Para Trifu, o jogo é uma realidade móvel que se metamorfoseia conforme a realidade e a perspectiva do observador e do jogador. Por tais razões é necessário considerar o contexto no qual está presente o fenômeno, a atitude daquele que joga e o significado atribuído ao jogo pelo observador.

O JOGO NA EDUCAÇÃO

2

Muitas dúvidas persistem entre educadores que procuram associar o jogo à educação: se há diferença entre o jogo e o material pedagógico, se jogo educativo empregado em sala de aula é realmente jogo e se o jogo tem um fim em si mesmo ou é um meio para alcançar objetivos.

A gradativa percepção de que a manipulação de objetos facilita a aquisição de conceitos introduz a prática de materiais concretos subsidiarem a tarefa docente. Em decorrência, multiplicam-se experiências nas quais cordões são empregados para representar elipses e hipérboles; a construção de um sistema articulado tem como suporte brinquedos de construção tipo Meccano; formas geométricas são construídas com auxílio de pranchas da Gattegno, guarnecidas com pontos sobre os quais se prendem elásticos; réguas de Cuisenaire são empregadas para facilitar a compreensão do número; blocos lógicos servem para ilustrar a matemática de conjuntos; e quebra-cabeças e jogos de encaixe destinam-se ao desenvolvimento da atenção, percepção e habilidades intelectuais e motoras.

Tais experiências são exemplos de jogos ou materiais pedagógicos? É a pergunta que se coloca a professores, sobretudo os de educação infantil.

As dúvidas parecem localizar-se na substituição de antigos materiais didáticos, como mapa-múndi, livros e cartazes, por objetos conhecidos como brinquedos (***jogos da Meccano, quebra-cabeças***).

Se brinquedos são sempre suportes de brincadeiras, sua utilização deveria criar momentos lúdicos de livre exploração, nos quais prevalece a incerteza do ato e não se buscam resultados. Porém, se os mesmos objetos servem como auxiliar da ação docente, buscam-se resultados em relação à aprendizagem de conceitos e noções ou mesmo ao desenvolvimento de algumas habilidades. Nesse caso, o objeto conhecido como brinquedo não realiza sua função lúdica, deixa de ser brinquedo para tornar-se material pedagógico. Um mesmo objeto pode adquirir dois sentidos conforme o contexto em que se utiliza: brinquedo ou material pedagógico.

O uso de brinquedos e jogos destinados a criar situações de brincadeiras em sala de aula nem sempre foi aceito. Conforme a visão que o adulto tem da criança e da instituição infantil, o jogo torna-se marginalizado. Se a criança é vista como um ser que deve ser apenas disciplinado para aquisição de conhecimentos em instituições de ensino acadêmico, não se aceita o jogo. Entende-se que, se a escola tem objetivos a atingir e o aluno tem a tarefa de adquirir conhecimentos e habilidades, qualquer atividade por ele realizada na escola visa sempre a um resultado — é uma ação dirigida e orientada para a busca de finalidades pedagógicas. O emprego de um jogo em sala de aula necessariamente se transforma em um meio para a realização daqueles objetivos. Portanto, o jogo entendido como ação livre, tendo um fim em si mesmo, iniciado e mantido pelo aluno, pelo simples prazer de jogar, não encontraria lugar na escola. São tais ponderações que têm aquecido as discussões em torno da apropriação do jogo pela escola e, especialmente, o jogo educativo.

Ao incorporar o jogo a sua área, a prática pedagógica cria a figura do *jogo educativo*. Como surgiu e evoluiu essa noção?

Jogo educativo

Dois interessantes trabalhos detalham a história dos jogos educativos, mostrando seu aparecimento e precisando o significado atribuído ao termo. Rabecq-Maillard, no livro *Histoire dos Jeux Éducatifs* (1969), mostra o gradual aparecimento dos jogos educativos na história ocidental, a partir do século XVI, e Brougère, em *La notion de Jeu Éducatif dans l'école maternelle française au debut du XXème siècle* (1987), a penetração da ideia do jogo educativo na escola maternal francesa.

Embora Rabecq-Maillard aponte o século XVI como o contexto em que surge o jogo educativo, os primeiros estudos em torno do jogo situam-se na Roma e Grécia antigas.

Platão, em *Les Lois* (1948), comenta a importância do *"aprender brincando"*, em oposição à utilização da violência e da repressão. Da mesma forma,

Aristóteles sugere, para a educação de crianças pequenas, o uso de jogos que imitem atividades sérias, de ocupações adultas, como forma de preparo para a vida futura. Mas, nessa época, ainda não se discute o emprego do jogo como recurso para o ensino da leitura e do cálculo.

Entre os romanos, jogos destinados ao preparo físico voltam-se para a formação de soldados e cidadãos obedientes e devotos, e a influência grega acrescenta-lhes cultura física, formação estética e espiritual.

O interesse pelo jogo aparece nos escritos de Horácio e Quintiliano, que se referem à presença de pequenas guloseimas em forma de letras, produzidas pelas doceiras de Roma, destinadas ao aprendizado das letras. A prática de aliar o jogo aos primeiros estudos parece justificar o nome de **ludus** atribuído às escolas responsáveis pela instrução elementar, semelhante aos locais destinados a espetáculos e à prática de exercícios de fortalecimento do corpo e do espírito (KISHIMOTO, 1990, p. 39-40).

O interesse pelo jogo decresce com o advento do Cristianismo, a poderosa sociedade cristã que toma posse do Império desorganizado e impõe uma educação disciplinadora. Escolas episcopais e anexas a mosteiros impõem dogmas e distanciam-se do desenvolvimento da inteligência. Os mestres recitam lições e leem cadernos. Aos alunos resta a memorização e a obediência. Nesse clima não há condições para a expansão dos jogos, considerados delituosos, à semelhança da prostituição e da embriaguez.

O aparecimento de novos ideais traz outras concepções pedagógicas que reabilitam o jogo. Durante o Renascimento, a felicidade terrestre, considerada legítima, não exige a mortificação do corpo, mas seu desenvolvimento. Desta forma, a partir do momento em que o jogo deixa de ser objeto de reprovação oficial, incorpora-se no cotidiano de jovens, não como diversão, mas como tendência natural do ser humano. **É nesse contexto que Rabecq-Maillard situa o nascimento do jogo educativo**.

O grande acontecimento do século XVI que coloca em destaque o jogo educativo é o aparecimento da Companhia de Jesus. Ignácio de Loyola, militar e nobre, compreende a importância dos jogos de exercícios para a formação do ser humano e preconiza sua utilização como recurso auxiliar do ensino. *A Ratio Studiorum*, por exemplo, ensina o latim com o seguinte método: a gramática latina aparece em cinco tabelas – a primeira para o gênero e a declinação, a segunda para as conjugações, a terceira para os pretéritos e as duas últimas para a sintaxe e o número. Por meio de exercícios de caráter lúdico, o ensino escolástico e o psitacismo são substituídos pelas tábuas murais.

O Renascimento reabilita exercícios físicos banidos na Idade Média. Exercícios de barra, corridas, jogos de bola semelhantes ao futebol e o golfe são práticas que se generalizam. Aos *jogos do corpo* são acrescidos os do espírito.

O baralho adquire nessa época o estatuto de jogo educativo pelas mãos do padre franciscano Thomas Murner. Percebendo que seus estudantes não entendem a dialética apresentada por textos espanhóis, edita uma nova dialética em imagens sob a forma de *jogo de cartas*, engajando os alunos em um aprendizado mais dinâmico.

Ao colocar em prática, em larga escala, os ideais humanistas do Renascimento, o século XVII provoca a expansão contínua de jogos didáticos ou educativos. Esse processo é acompanhado por estudos de filósofos acerca da importância da imagem e dos sentidos para a apreensão do conhecimento. Comenius mostra, em 1657, na obra *Orbis Sensualium Pictus*, a relevância das imagens para a educação infantil. Locke, o pai do empirismo, reforça a tese, explicando que tudo que está na inteligência passa pelos sentidos. Multiplicam-se, assim, jogos de leitura, bem como diversos jogos destinados à tarefa didática nas áreas de História, Geografia, Moral, Religião, Matemática, entre outras.

A eclosão do movimento científico no século XVIII diversifica os jogos, que passam a incluir inovações. Preceptores da época servem-se de imagens publicadas na Enciclopédia Científica para criar jogos destinados ao ensino de ciências para a realeza e a aristocracia.

Popularizam-se os jogos. Antes restritos à educação de príncipes e nobres, tornam-se posteriormente veículos de divulgação e crítica. Jogos de trilha contam a glória dos reis, suas vidas e ações. Jogos de tabuleiro divulgam eventos históricos e servem como instrumento de doutrinação popular.

A imagem da criança como ser dotado de natureza distinta da do adulto chega com o século XVIII, permitindo a criação e expansão de estabelecimentos para educar a infância, que culmina no século seguinte.

O início do século XIX presencia o término da Revolução Francesa e o surgimento de inovações pedagógicas. Há um esforço para colocar em prática princípios de Rousseau, Pestalozzi e Froebel. Mas é com Froebel que o jogo, entendido como objeto e ação de brincar, caracterizado pela liberdade e espontaneidade, passa a fazer parte da história da educação infantil. Manipulando e brincando com materiais como bolas e cilindros, montando e desmontando cubos, a criança estabelece relações matemáticas e adquire conhecimentos de Física e Metafísica, além de desenvolver noções estéticas. Embora Froebel, em sua teoria, enfatize o jogo livre como importante para o desenvolvimento infantil, mesmo assim introduz a ideia de materiais educativos, os **dons**, como recursos auxiliares necessários à aquisição de conhecimento, como meio de instrução.

Com a expansão dos novos ideais de ensino, crescem experiências que introduzem o jogo com vistas a facilitar tarefas de ensino. Paralelamente, o desenvolvimento da ciência e da técnica constitui fonte propulsora de jogos científicos e mecânicos. Surgem ***jogos magnéticos*** para ensinar História, Geografia e Gramática. As fábulas de La Fontaine e os contos de Perrault inspiram *"puzzles"* e brinquedos de cubos. A expansão dos meios de comunicação, bem como o avanço do comércio, estimulam o ensino de línguas vivas, ocasionando o aparecimento de jogos como o ***Bazar alfabético***, destinado ao aprendizado de vocabulário, e o ***poliglota***, para ensinar até cinco línguas ao mesmo tempo.

A expansão dos jogos na área da educação dar-se-á no início do século XX, estimulada pelo crescimento da rede de ensino infantil e pela discussão sobre as relações entre o jogo e a educação. Revistas como *L'Éducation Enfantine* divulgam tais ideias. Editores como a Nathan estabelecem uma linha de "brinquedos educativos", usando *slogans* como "instruir divertindo". Além de melhorar a qualidade de seus produtos, os fabricantes de jogos educativos procuram melhorar as normas de segurança dos brinquedos e introduzem, nos folhetos, informações que orientam a ação de brincar e aprender, além de especificações sobre adequação de brinquedos às faixas etárias. Em síntese, o jogo educativo surge no século XVI como suporte da atividade didática, visando à aquisição de conhecimentos, e conquista um espaço definitivo na educação infantil.

Brougère (1987, p. 83-88) reproduz o debate ocorrido entre inspetores da escola maternal francesa acerca da introdução do jogo educativo, entendido ora como jogo livre, ora como jogo orientado.

Certamente, desde tempos passados, alguns estudos apontam uma ligação entre o jogo e a aprendizagem. Mas predomina a ideia do jogo associado à recreação, a situações que se contrapõem ao trabalho escolar. É essa orientação que flui nos primórdios das salas de asilo francesas. Segundo a inspetora Pape-Carpantier, em 1849 (apud BROUGÈRE, 1987, p. 83),

> O jogo não pode ocupar o lugar de lições morais e não deve absorver o tempo de estudo, embora ninguém no mundo possa ficar sempre escutando nem estudando. É preciso, nesta idade, sobretudo, dançar, correr, saltar, mover-se por seu próprio elã (...) Se o jogo não forma diretamente o espírito, ele o recreia.

Para a inspetora francesa, o jogo não se presta à formação moral, nem mesmo colabora para o desenvolvimento cognitivo. Admite-se como recreação, uma espécie de distração e descanso do árduo trabalho.

Influenciada pela experiência froebeliana dos jardins de infância, Kergomard adota a ideia do jogo livre e espontâneo como o eixo da educação infantil:

> *A escola maternal é uma família grande, a diretora é uma mãe de um grande número de crianças. Ora, que fazem crianças de 2 a 4 anos em sua família? Elas rivalizam com os pássaros as atividades incessantes e algazarras ininterruptas. Elas não fazem nada de preciso, não tomam lições mas fazem o que devem fazer para seu desenvolvimento físico, intelectual e moral (id., ibid., p. 83).*

A ideia de uma escola infantil sem a interferência do professor cria um debate na época. Discute-se a adequação do jogo livre proposto por Froebel. As interpretações apontam para a necessidade de um jogo controlado como suporte da ação docente. Assim, nasce o jogo educativo: mistura de jogo e de ensino.

Kergomard (1906, p. 161) apoia-se na ideia da incompatibilidade lógica entre o jogo e a educação e pondera:

> *Sei muito bem que à primeira vista estas duas palavras – a pedagogia pelos jogos – colocadas juntas, fazem um efeito de certas uniões infelizes, caracterizadas sobretudo pela incompatibilidade de caráter dos cônjuges; mas esta impressão cessa no momento em que se reflete, porque se compreende, então, que a pedagogia, em vez de estar limitada à instrução, abraça a cultura completa do ser.*

Kergomard pleiteia a liberdade de ação da criança. Concebe o maternal como um espaço de animação cultural, onde jogos livres, escolhidos pelas crianças, possam colaborar com o cultivo do corpo. Entretanto, essa orientação choca-se com a que começa a predominar. Girard (1908, p. 199) e muitos outros tentam conciliar a tarefa de educar com a necessidade irresistível de brincar. Nessa junção, surge o jogo educativo, um meio de instrução, um recurso de ensino para o professor e, ao mesmo tempo, um fim em si mesmo para a criança, que só quer brincar. Esse é o sentido captado pela inspetora Girard nos debates que acompanham a reformulação da escola maternal:

> *[...] O jogo é para a criança um fim em si mesmo, ele deve ser para nós um meio (de educar), de onde seu nome jogo educativo que toma cada vez mais lugar na linguagem da pedagogia maternal (Girard, 1908, p. 199).*

O jogo educativo, metade jogo e metade educação, toma o espaço da escola maternal francesa a tal ponto que Chamboredon e Prévot (1986) chegam a dizer que esta se transforma em um grande "brinquedo educativo".

O significado atual do jogo na educação

As divergências em torno do jogo educativo estão relacionadas à presença concomitante de duas funções:

1. **função lúdica** – o jogo propicia a diversão, o prazer e até o desprazer quando escolhido voluntariamente; e
2. **função educativa** – o jogo ensina qualquer coisa que complete o indivíduo em seu saber, seus conhecimentos e sua apreensão do mundo (CAMPAGNE, 1989, p. 112).

O equilíbrio entre as duas funções é o objetivo do jogo educativo. Entretanto, o desequilíbrio provoca duas situações: não há mais ensino, há apenas jogo, quando a função lúdica predomina ou, o contrário, quando a função educativa elimina todo hedonismo, resta apenas o ensino.

Se um professor escolhe um ***jogo de memória*** com estampas de frutas destinado a auxiliar na discriminação delas, mas as crianças utilizam as cartas do jogo para fazer pequenas construções, a função lúdica predomina e absorve o aspecto educativo definido pelo professor: discriminar frutas. Da mesma forma, certos jogos perdem rápido sua dimensão lúdica quando empregados inadequadamente. O uso de ***quebra-cabeças*** e ***jogos de encaixe*** como modalidades de avaliação constrange e elimina a ação lúdica. Se perde sua função de propiciar prazer em proveito da aprendizagem, o brinquedo torna-se instrumento de trabalho, ferramenta do educador. O "brinquedo" já não é brinquedo, é material pedagógico ou didático.

Alguns filósofos e teóricos, quando tratam da utilização do jogo pela educação, apontam o que denominam *"paradoxo do jogo educativo"*.

A contradição vista no jogo educativo resume-se à junção de dois elementos considerados distintos: o jogo e a educação. O jogo, dotado de natureza livre, parece incompatibilizar-se com a busca de resultados, típica de processos educativos. Embora autores como Bally, (1959), Caillois, (1967), Huizinga (1951), Alain (1957), Henriot (1983), Rabecq-Maillard, (1969), Sutton-Smith, (1971), entre outros destaquem a liberdade como atributo principal do jogo, no campo da educação procura-se conciliar a liberdade, típica dos jogos, com a orientação própria dos processos educativos. Em outros termos, elimina-se o paradoxo na prática pedagógica ao preservar a liberdade de brincar da criança. Desde que não entre em conflito com a ação voluntária da criança, a ação pedagógica intencional do professor deve refletir-se na organização do espaço, na seleção dos brinquedos e na interação com as crianças.

Cresce o número de autores que adotam o jogo na escola assumindo o significado usual: incorporando a função lúdica e a educativa. Entre eles destaca-se Campagne (1989, p. 113), que sugere critérios para uma adequada escolha de brinquedos, de uso escolar, de modo que garanta a essência do jogo. São eles:

1. **o valor experimental** – permitir a exploração e a manipulação;
2. **o valor da estruturação** – dar suporte à construção da personalidade infantil;
3. **o valor de relação** – colocar a criança em contato com seus pares e adultos, com objetos e com o ambiente em geral para propiciar o estabelecimento de relações; e
4. **o valor lúdico** – avaliar se os objetos possuem as qualidades que estimulam o aparecimento da ação lúdica.

A tais critérios são acrescidos questionamentos relativos a idade, preferências, capacidades, projetos de cada criança e uma constante verificação da presença do prazer e dos efeitos positivos do jogo. Há que considerar ainda que o jogo não é inato, mas uma aquisição social. Desta forma, o educador tem de estar atento para auxiliar a criança, ensiná-la a utilizar o brinquedo. Só depois ela estará apta a uma exploração livre.

A organização de espaços adequados para estimular brincadeiras constitui uma das preocupações da maioria dos educadores e profissionais de instituições infantis.

Nessa organização do espaço, Campagne (1989, p. 116) alerta para a necessidade de analisar componentes como: a disponibilidade de materiais, o nível de verbalização entre adultos e crianças e aspectos educativos e corporais para estimular brincadeiras.

O suporte material deve incluir locais apropriados, dotados de estantes para comportar diferentes tipos de brinquedo, dispostos de modo acessível às crianças e espaços para o seu uso. A verbalização do professor deve incidir sobre a valorização de características e possibilidades dos brinquedos e possíveis estratégias de exploração. Enfim, o professor deve oferecer informações sobre diferentes formas de utilização dos brinquedos, contribuindo para a ampliação do referencial infantil.

A dimensão corporal não pode estar ausente. Na relação com objetos, solicitam-se o corpo e os sentidos. O educador deve, também, brincar e participar das brincadeiras, demonstrando não só o prazer de fazê-lo, mas estimulando as crianças para tais ações. Finalmente, o caráter educativo coloca o jogo na ordem de meios e recursos que consideram desejos, necessidades de expressão e outros valores exigidos para a implementação de um projeto educativo.

Alain (1957, p. 19) defende o emprego do jogo na escola. Sua justificativa é a de que o jogo favorece o aprendizado pelo erro e estimula a exploração e a solução de problemas. O jogo, por ser livre de pressões e avaliações, cria um clima adequado para a investigação e a busca de soluções. O benefício do jogo está nessa possibilidade de estimular a exploração em busca de respostas, em não constranger quando se erra. O autor vê dois momentos na situação escolar: o trabalho pedagógico de aquisição sistemática do saber e o jogo que, escapando à severa lei do trabalho, caminha em direção a um *"não sério"*, sem se submeter à ordem, criando um espaço de liberdade de ação para a criança. Por tais razões, Alain coloca-se do lado daqueles que valorizam o uso do jogo na educação.

Chateau (1987, p. 96) entende que o jogo tem fins naturais quando a ação livre permite a expressão do eu. Visto como meio ou, como diz, tendo *"fins artificiais"*, na verdade o jogo é um instrumento do adulto para formar a criança. O papel pedagógico do jogo só pode ser entendido dentro do domínio do jogo enquanto meio, enquanto um *"fim artificial"*. Provavelmente Chateau faz referência aos fins naturais, considerando aspectos biológicos do ser humano. Mas não se pode esquecer, também, os fatores sociais. A formação social inclui os "fins artificiais", os valores expressos, intencionalmente, por cada sistema educativo, para educar seus membros.

Chateau valoriza o jogo por seu potencial para o aprendizado moral, integração da criança no grupo social e como meio para aquisição de regras. Considera que habilidades e conhecimentos adquiridos no jogo preparam para o desempenho do trabalho. O jogo é, para o autor, uma espécie de *"vestíbulo do trabalho"*, uma porta aberta que prepara não para uma profissão em especial, mas para a vida adulta. Embora estabeleça um estreito vínculo entre o jogo e o trabalho escolar, indica que a educação deve, em certos momentos, separar-se do comportamento lúdico. Não se pode pensar em uma educação exclusivamente baseada no jogo, uma vez que essa postura isolaria o homem da vida, fazendo-o viver num mundo ilusório. Chateau considera que a escola tem uma natureza própria distinta da do jogo e do trabalho. Entretanto, ao incorporar algumas características tanto do trabalho como do jogo, a escola cria a modalidade do jogo educativo destinada a estimular a moralidade, o interesse, a descoberta e a reflexão.

Da mesma forma, Vial (1981) considera importante a escola adotar o jogo pelos efeitos que proporciona.

O autor observa uma variante no emprego dos jogos na educação: o **jogo didático** como modalidade destinada exclusivamente à aquisição de conteúdos, diferenciando-o do jogo educativo. O primeiro, mais dinâmico, envolve ações ativas das crianças, permite exploração e tem múltiplos efeitos na esfera corporal, cognitiva, afetiva e social. O segundo, mais restrito, pela sua natureza atrelada ao ensino de conteúdos, torna-se, no seu entender, inadequado para o desenvolvimento infantil, por limitar o prazer e a livre iniciativa da criança e tornar-se muitas vezes monótono e cansativo.

Mialaret e Vial (1981, p. 204) entendem que a criança, que brinca livremente, passa por um processo educativo espontâneo e aprende sem constrangimento de adultos, em interação com seu ambiente. Entretanto, em qualquer ambiente, doméstico, escolar ou público, como as ruas e calçadas, a liberdade da criança é limitada por contingências do próprio contexto histórico cultural. A liberdade é sempre relativa. Se em qualquer um desses ambientes for planejada uma organização do espaço que privilegie materiais adequados, tais situações maximizam a potencialidade do jogo. São tais pressupostos que estimulam o aparecimento de propostas em instituições infantis, que valorizam a organização do espaço para estimular brincadeiras.

Em síntese, a polêmica em torno da utilização pedagógica do jogo deixa de existir quando se respeita sua natureza. O significado usual da prática educativa e os estudos de natureza psicológica referendam sua adoção na educação infantil. Qualquer jogo empregado pela escola aparece sempre como um recurso para a realização das finalidades educativas e, ao mesmo tempo, um elemento indispensável ao desenvolvimento infantil. Se a criança age livremente no jogo de faz de conta dentro de uma sala de educação infantil, expressando relações que observa no seu cotidiano, a função pedagógica será garantida pela organização do espaço, pela disponibilidade de materiais e, muitas vezes, pela própria parceria do professor nas brincadeiras. Ao permitir a manifestação do imaginário infantil, por meio de objetos simbólicos dispostos intencionalmente, a função pedagógica subsidia o desenvolvimento integral da criança. Nesse sentido, qualquer jogo empregado pela escola, desde que respeite a natureza do ato lúdico, apresenta o caráter educativo e pode receber também a denominação geral de jogo educativo.

O jogo educativo aparece, então, com dois sentidos:

1. *sentido amplo:* como material ou situação que permite a livre exploração em recintos organizados pelo professor, visando ao desenvolvimento geral da criança; e
2. *sentido restrito:* como material ou situação que exige ações orientadas com vistas à aquisição ou ao treino de conteúdos específicos ou de habilidades intelectuais. No segundo caso recebe, também, o nome de jogo didático.

Embora a distinção entre os dois tipos de jogo esteja presente na prática usual dos professores, pode-se dizer que todo jogo é educativo em sua essência. Em qualquer tipo de jogo a criança sempre se educa.

O jogo na educação infantil

A relevância do jogo vem de longa data. Filósofos como Platão, Aristóteles e, posteriormente, Quintiliano, Montaigne, Rousseau destacam o papel do jogo na educação. Entretanto, é com Froebel, o criador do jardim de infância, que o jogo passa a fazer parte do centro do currículo da educação infantil. Pela primeira vez, a criança brinca na escola, manipula brinquedos para aprender conceitos e desenvolver habilidades. Jogos, música, arte e atividades externas integram o programa diário composto pelos dons e ocupações froebelianas.

Embora Froebel conceba o jogo como autoatividade, expressão das capacidades da criança, a organização dos dons e ocupações diverge dessa orientação, prevalecendo uma forma de estruturação das atividades infantis de natureza imitativa e com conteúdo predeterminado. Essa ambiguidade nas concepções do filósofo, que viveu em período de extrema repressão na Alemanha, pode explicar a presença de orientações contraditórias.

A orientação mística e romântica de Froebel dominou a educação infantil por 50 anos, até o advento do progressivismo. Dewey modifica a tradição froebeliana, colocando a experiência direta com os elementos do ambiente e os interesses da criança como novos eixos. Crianças são vistas como seres sociais, e a aprendizagem infantil far-se-á de modo espontâneo, por meio do jogo, nas situações do cotidiano como preparar alimentos para o lanche, representar peças para as famílias, brincar de faz de conta com temas familiares. Dewey concebe o jogo como atividade livre, como forma de apreensão dos problemas do cotidiano.

Paralelamente, na Europa, escolanovistas como Montesssori divulgam a importância de materiais pedagógicos explorados livremente e Decroly expande a noção de jogos educativos. A ambiguidade das concepções froebelianas dá o alicerce para a estruturação da noção de jogo educativo, uma mistura da ação lúdica e a orientação do professor visando a objetivos como a aquisição de conteúdos e o desenvolvimento de habilidades e, ao mesmo tempo, o desenvolvimento integral da criança.

O jogo continua presente nas propostas de educação infantil com o advento do freudismo como mecanismo de defesa de impulsos não satisfeitos. Neofreudianos, especialmente Erikson, Winnicot e outros, enfocam a importância do jogo para o desenvolvimento emocional da criança como elemento importante diante das pressões oriundas do meio sociocultural.

Com a ampliação dos estudos de natureza psicológica, o ponto de vista do desenvolvimento infantil continuou a merecer atenção, especialmente com Piaget, Gesell e Erikson. Destacam-se, também, Susan Isaacs, na Inglaterra, e Harriet Johnson, Caroline Pratt e Lucy Sprague Mithell, Lawrence Frank, Prescott, Arthur Jersild e James Hymes, nos Estados Unidos.

Atualmente, o jogo está presente também entre aqueles que estudam as representações mentais. Entre os teóricos mais relevantes que subsidiam esta perspectiva encontram-se os expoentes da psicologia genética como Wallon, Piaget, Vygotsky, Bruner e outros, que mostram a importância do jogo para o desenvolvimento infantil ao propiciar a descentração da criança, a aquisição de regras, a expressão do imaginário e a apropriação do conhecimento. Há, ainda, pesquisadores que se dedicam à análise de representações sociais acerca da concepção de jogo, dentro de uma perspectiva interdisciplinar. Estudos de natureza etnográfica, histórica e psicopedagógica integram-se neste eixo propiciando uma nova frente de análise do jogo. Entre os últimos pode-se citar o trabalho pioneiro de Piaget sobre o desenvolvimento infantil, integrando aspectos morais, sociais e cognitivos, com base na análise do jogo de bolinha de gude em situações do cotidiano. Pesquisas como a de Nelson e Seidman (1989) demonstram como se processa o desenvolvimento social de crianças pré-escolares nas interações verbais mantidas em brincadeiras de faz de conta.

Entre os inúmeros jogos que se encontram nessa classificação ampla de jogos utilizados pela educação e que aparecem com bastante frequência na educação infantil estão os de regras, os de construção, os tradicionais infantis e os de faz de conta.

Jogos tradicionais infantis

A modalidade denominada **jogo tradicional infantil**, filiada ao folclore, incorpora a mentalidade popular, expressando-se, sobretudo, pela oralidade.

Considerado como parte da cultura popular, o jogo tradicional guarda a produção espiritual de um povo em certo período histórico. Essa cultura não oficial, desenvolvida especialmente de modo oral, não fica cristalizada. Está sempre em transformação, incorporando criações anônimas das gerações que vão se sucedendo (IVIC, 1986, p. 556-64).

Por ser elemento folclórico, o jogo tradicional infantil assume as características de anonimato, tradicionalidade, transmissão oral, conservação, mudança e universalidade (CASCUDO, 1984, p. 4; e SILVA, 1982, p. 11-3).

Não se conhece a origem desses jogos. Seus criadores são anônimos. Sabe-se, apenas, que são provenientes de práticas abandonadas por adultos, de fragmentos de romances, poesias, mitos e rituais religiosos. A tradicionalidade e universalidade dos jogos assentam-se no fato de que povos distintos e antigos como os da Grécia e do Oriente brincaram de amarelinha, empinar papagaios, jogar pedrinhas e até hoje as crianças o fazem quase da mesma forma. Tais jogos foram transmitidos de geração em geração por meio de conhecimentos empíricos e permanecem na memória infantil.

Muitos jogos preservam sua estrutura inicial; outros modificam-se, recebendo novos conteúdos. A força de tais jogos explica-se pelo poder da expressão oral. Enquanto manifestação espontânea da cultura popular, os jogos tradicionais têm a função de perpetuar a cultura infantil e desenvolver formas de convivência social.

O jogo tradicional infantil é um tipo de jogo livre, espontâneo, no qual a criança brinca pelo prazer de o fazer. Por pertencer à categoria de experiências transmitidas espontaneamente conforme motivações internas da criança, o jogo tradicional infantil tem um fim em si mesmo e preenche a necessidade de jogar da criança. Tais brincadeiras acompanham a dinâmica da vida social, permitindo alterações e criações de novos jogos.

Desde tempos passados, os jogos tradicionais infantis fazem parte da cultura infantil. Pierre Bruegel, em gravura datada de 1560, denominada *Jogos de crianças*, estampa cerca de 86 brincadeiras em voga na época.

Estudos atuais, de natureza etnográfica, mostram a necessidade de incorporar as concepções de criança e de jogo na análise dos jogos tradicionais infantis. É preciso acentuar que os primeiros trabalhos, como os de Fournier (1889), não estavam preocupados com a criança, mas havia a convicção de que a história da civilização não poderia ser escrita sem um capítulo sobre jogos e brinquedos. Para tais pesquisadores, os jogos representavam rudimentos de antigos costumes, cultos e rituais e, principalmente, uma reminiscência dessa cultura. Assim, predominava a hipótese de que o estudo dos jogos poderia esclarecer muitas analogias e significados ocultos do modo de vida dos povos.

Entre os estudos etnológicos contemporâneos, destaca-se o trabalho de I. Opie e P. denominado *Children's Games in Street and Playground* (1984), que representa a tendência dos tempos atuais. As brincadeiras são colhidas dentro do cotidiano da criança, incorporando todas as suas criações. Essa pesquisa está baseada na ideia da existência de uma cultura folclórica típica do mundo infantil. A ideia do jogo como criador de um sistema regulador da vida social é uma das hipóteses substanciais no trabalho de Opie e Opie. No referido trabalho, a concepção de criança é a de um ser humano criativo, imaginativo e autossuficiente e a brincadeira é vista como a única forma de expressão livre de tais qualidades. Uma perspectiva semelhante, embora ainda bastante incipiente, pode ser encontrada em estudos mais antigos, como o de Florestan Fernandes (1979), realizado nos anos 1940, caracterizando "as trocinhas" ou brincadeiras destinadas a socializar e integrar crianças de bairros paulistas, ou mais recentes, como o de Gomes (1993), que demonstra as especificidades dos brinquedos e brincadeiras de grupos de crianças e adolescentes de 8 a 14 anos de dois bairros localizados no eixo Cuiabá-Várzea Grande.

Existem coleções e estudos de caráter pedagógico destinados a educar crianças de determinadas faixas etárias. Dentro dessa categoria situam-se as pesquisas efetuadas nos anos 1940, com crianças dos parques infantis paulistas, compiladas por Nicanor Miranda, na obra *200 jogos infantis* (1948), bem como a pesquisa efetuada em escolas primárias descrita na obra *Jogos do escolar de São*

Paulo, de Hallier e Macedo (1948). No Rio de Janeiro, nos anos 1950 e 1960, destacam-se trabalhos de Ethel Bauzer Medeiros, descritos em obras como *Jogos para recreação infantil* (1960) e *108 jogos para jardim de infância* (1960), e os de Inezil Pereira Marinho, que analisa e compila jogos destinados aos professores de Educação Física *(Educação Física, Recreação e Jogos-1957* e *Curso de Fundamentos e Técnicas de Recreação-1955)*. Mais recentemente, aparecem estudos que explicitam o uso dos jogos em diversas áreas: Garcia (1989); Garkov (1990); Imenes (1989); Machado (1987); Moura (1991); Mello (1985); Navarro (1985); Silva (1982); Oliveira (1992); Azevedo (1993); Oliveira, Mello, Vitória e Ferreira (1992); Lauand (1988); Linhares (1990); Vieira (1990); Santos (1991); Uemura (1988), França (1990); Brito(1991); Macedo (1991); Andrade (1991); Costa (1991); Allebrandt (1991), Prado (1991); Kishimoto (1993) e inúmeros outros.

Destaca-se também nessa categoria o acervo organizado pelo Laboratório de Brinquedos e Materiais Pedagógicos da Faculdade de Educação da Universidade de São Paulo (1992), composto por cerca de mil jogos destinados à formação de professores e profissionais da educação infantil e elementar.

A discussão da utilização pedagógica dos jogos tradicionais tem atualmente o suporte de teorias psicogenéticas como as de Piaget e Vygotsky, que mostram a sua importância para a compreensão das relações sociais. A obra de Kamii e Devriès denominada *Jogos em grupos na educação infantil* (1991), bem como de Usova, *El papel del juego en la educación de los ninos* (1979), são exemplos dessa natureza. É preciso ressaltar que os jogos tradicionais deixam de ter sua característica básica, a de veicular livremente a cultura infantil, ao priorizar aspectos educativos quando utilizados pela escola. Ao inserir brincadeiras tradicionais no contexto pedagógico, com características distintas de ambientes livres como as ruas, os clubes e o espaço público em geral, a escola infantil participa do movimento de divulgação de brincadeiras tradicionais, mas sua intenção primeira é de auxiliar o desenvolvimento infantil por meio dos jogos.

Ivic e Marjanovic (1986, p. 90) apontam pelo menos cinco hipóteses que justificam o emprego dos jogos tradicionais na educação:

1. os jogos tradicionais, por estarem no centro da pedagogia do jogo, devem ser preservados na educação contemporânea;
2. o brincar, como componente da cultura de pares, como prática social de crianças de diferentes idades, não pode ser deslocado para um tipo de escolarização em que predomine apenas relações criança-adulto;

3. jogos tradicionais podem representar um meio de renovação da prática pedagógica nas instituições infantis, bem como nas ruas, férias etc.;
4. os jogos tradicionais são apropriados para preservar a identidade cultural da criança de um determinado país ou imigrante; e
5. ao possibilitar um grande volume de contatos físicos e sociais, os jogos tradicionais infantis compensam a deficiência de crianças residentes em centros urbanos, que oferecem poucas alternativas para tais contatos.

Há, ainda, estudos de natureza histórica que situam as brincadeiras infantis ao longo da evolução das novas condições de vida. A industrialização e a urbanização alteraram o panorama das cidades, eliminando os grandes espaços públicos apropriados à expressão lúdica e levando ao esquecimento grande parte das brincadeiras infantis.

Para impedir o desaparecimento do acervo cultural da infância, inicia-se um movimento para a introdução dos jogos tradicionais nas instituições infantis. Essa nova perspectiva traz duas questões que merecem um cuidado especial: 1) a segregação de crianças em grupos homogêneos isolados e o empobrecimento das relações sociais e 2) a pedagogização da infância e a instrumentalização do brincar (IVIC; MARJANOVIC, 1986, p. 44).

O intenso processo de escolarização por que passam desde seu nascimento em creches e pré-escolas, em tempo integral, subdivididas em agrupamentos por faixas etárias, segregam as crianças, impedindo seu contato com pessoas de diferentes idades. A homogeneização dos contatos sociais, especialmente de crianças da faixa de 0 a 6 anos, empobrece a cultura infantil necessária para a integração nos diversos meios sociais. Um exemplo marcante encontra-se em São Paulo, na Escola Municipal de Educação Infantil, de tempo integral, que impõe um intenso processo de escolarização, de cerca de até 12 horas, com propostas inadequadas, impedindo o espaço de expressão e de autorregulação da vida social.

Geralmente, os problemas apontados pela literatura internacional sobre o predomínio excessivo de jogos orientados para funções didáticas não se manifestam no Brasil, uma vez que é irrisória, ainda, a expansão dos jogos na educação infantil. O movimento internacional de institucionalização da infância, acrescido da intensa utilização do jogo com finalidades didáticas, diminui o espaço para o emprego do jogo como forma de autoexpressão e aquisição da cultura infantil, necessária à integração da criança no meio social. Espaços alternativos como as brinquedotecas, os acampamentos de férias e os clubes têm desempenhado o papel de integrar a criança por meio de jogos livres.

Entre os estudos de caráter histórico podem-se encontrar, também, os de investigação etnológica, que procuram identificar como culturas de tempos passados concebiam a criança e o brincar.

A tendência histórica e etnológica privilegia a análise do jogo a partir da imagem da criança presente no cotidiano de um dado tempo histórico. Fatores como a definição do lugar que a criança ocupa num determinado contexto social, a identificação da forma de educação a que está submetida e o tipo de relações sociais que ela mantém com personagens do seu meio permitem a compreensão da imagem de criança e do comportamento de brincar. Ao analisar o cotidiano infantil, é preciso constatar as marcas da heterogeneidade e a presença de valores hierárquicos que dão sentido às imagens culturais de cada época. Tais imagens construídas por personagens que fazem parte desse contexto não decorrem de concepções psicológicas e científicas, mas muito mais de informações, valores e preconceitos oriundos da vida cotidiana.

Segundo Heller (1989, p. 16-17):

> [...] o homem participa da vida cotidiana com todos os aspectos de sua individualidade, de sua personalidade. Nele, colocam-se 'em funcionamento' todos os seus sentidos, todas as suas capacidades intelectuais, suas habilidades manipulativas, seus sentimentos, paixões, ideias, ideologias.

Por essa razão, a vida cotidiana é heterogênea e inclui a vida da criança como um todo.

Entretanto, ao investigar um dado tempo histórico, é preciso ficar atento à hierarquia de valores da época que oferece uma organicidade a essa heterogeneidade. São tais valores que orientam a elaboração de um banco de imagens culturais que se refletem nas concepções de criança e seu brincar.

Desta forma, para compreender como filhos de operários e meninos de classes mais abastadas brincavam no início do século XX, requer-se a identificação da imagem que os protagonistas construíram dessas crianças. São tais imagens que funcionam como parâmetros para favorecer ou limitar o direito às brincadeiras de rua e aos jogos que iniciam a criança na construção do conhecimento e colaboram para seu desenvolvimento.

Da mesma forma, para compreender o significado das brincadeiras de meninos brancos, filhos de senhores de engenho de açúcar na companhia de moleques negros, filhos de escravos, é preciso identificar a imagem da criança construída pelos adultos daquele período.

Não se pode esquecer, também, que a compreensão dos jogos dos tempos passados exige o auxílio da visão antropológica. Especialmente quando se deseja discriminar o jogo em diferentes culturas, ela é imprescindível. Comportamentos considerados como lúdicos apresentam significados distintos em cada cultura. Se para a criança europeia a boneca significa um brinquedo, um objeto, suporte de brincadeira, para populações indígenas tem o sentido de símbolo religioso.

Uma multiplicidade de estudos e pesquisas tem adotado perspectivas históricas e antropológicas para analisar a criança e o jogo. Entre eles, destacam-se o de Fournier (1989) sobre a história dos brinquedos e dos jogos infantis, o de Opie e Opie (1984) sobre jogos de ruas, o de Jolibert (1981) sobre a infância do século XVIII, os 40 trabalhos reunidos por Aries e Margolin (1982) sobre jogos do Renascimento, as pesquisas do Grupo Internacional sobre a história da Educação da Primeira Infância, coordenadas por Plaisance e Contou da Universidade Paris V, e muitos outros.

No Brasil, a imagem da criança brasileira começa a ser desvelada por historiadores como Del Priore (1979), que identifica as concepções a partir do período colonial até a República dos anos 1930; Mott (1979) aponta a concepcão de criança escrava na literatura de viagens; e Luiz, Salvador e Cunha Jr. (1979), a criança negra no processo de educação familiar. Entre os estudos iconográficos destaca-se o trabalho de Jordão (1979) contendo quadros que fixam o perfil da criança brasileira e seus jogos. Especialmente relacionados ao pré-escolar, trabalhos como o de Redin (1985) discorrem sobre a representação dessa idade na legislação oficial e o de Souza (1989) mostra as imagens que professores têm da criança pré-escolar. Estudos de natureza filosófica como o de Oliveira (1989) tratam do conceito de infância e historicidade. Kishimoto (1992 e 1993) identifica as brincadeiras de meninos brancos e negros no período do engenho de açúcar do fim do século XIX e início do XX. Tais estudos demonstram o interesse de pesquisadores brasileiros por esta forma de investigar o jogo por intermédio da criança.

Jogos de construção

Froebel, o criador dos jogos de construção, deu oportunidade a muitos fabricantes de duplicação de seus tijolinhos para a alegria da criançada que constrói cidades e bairros que estimulam a imaginação infantil. O jogo de construção denominado *Jogo do Mundo*, criado por Mme. Lowenfeld, em 1935, destina-se ao livre manuseio das peças para que a criança construa seu mundo. Construindo, transformando e destruindo, a criança expressa o seu imaginário e seus problemas e permite aos terapeutas o diagnóstico de dificuldades de adaptação (NOGOFOLD, 1990), bem como a educadores o estímulo da imaginação infantil e o desenvolvimento afetivo e intelectual (MICHELET, 1990). Desta forma, quando está construindo, a criança está expressando suas representações mentais, além de manipular os objetos. O jogo de construção tem uma estreita relação com o de faz de conta. É dentro dessa perspectiva que Paramonova (1990) analisa o jogo de construção. Segundo a pedagogia marxista, não se trata de manipular livremente os tijolinhos de construção, mas de construir casas, móveis ou cenários que servem como base para as brincadeiras simbólicas. As construções se transformam em temas de brincadeiras para as crianças. Mas, a partir de 3 anos, a complexidade crescente das construções não permite o avanço das crianças nessa modalidade de jogo. Aqui, a ação educativa será de grande importância como forma de desenvolver o que Vygotsky denomina zona de desenvolvimento proximal.

Para compreender a relevância das construções é necessário considerar tanto a fala como a ação da criança que revelam complicadas relações. É importante, também, considerar as ideias presentes em tais representações, como elas adquirem tais temas e como o mundo real contribui para a sua construção.

As ideias e as ações que as crianças adquirem provêm do mundo social em que vivem, incluindo a família e o seu círculo de relacionamento, o currículo apresentado pela escola, as ideias discutidas em classe, os materiais e os pares. O conteúdo das representações simbólicas recebe, geralmente, grande influência do currículo e dos professores. Os conteúdos veiculados durante as brincadeiras infantis, bem como os temas de brincadeiras, os materiais para brincar, as oportunidades para interações sociais e o tempo disponível são todos fatores que dependem basicamente do currículo proposto pela escola. Normalmente, a criança precisa de tempo para elaborar as ideias que encontra. E esse fator é bastante negligenciado pela maioria das escolas que privilegiam as atividades individuais orientadas.

Os jogos de construção são considerados de grande importância por enriquecer a experiência sensorial, estimular a criatividade e desenvolver habilidades da criança, conforme demonstra o programa de educação infantil descrito por Chauncey (1979), dentro da perspectiva vygotskiana. Construções com materiais naturais, com areia, neve e água, além dos brinquedos de construção, são sugeridas a partir de 3 anos de idade. Antes dessa idade a criança apenas manipula grandes blocos ou objetos de encaixe, procurando empilhá-los ou apenas explorando os materiais, não havendo a preocupação em construir algo. Segundo a orientação do programa de educação infantil russo, a educadora deve sempre se certificar de que a criança saiba o que construir e como fazê-lo. A preocupação é ensiná-la a imaginar uma estrutura antes de construí-la. Essa é uma tarefa que começa aos 4 anos. Gradativamente, com base em modelos, as crianças vão explorando novas modalidades de construção e, muitas vezes, utilizam as construções elaboradas para desenvolver jogos de papéis. A complexidade das construções cresce com a utilização de reproduções de desenhos, esboços, fotografias ou orientações verbais da professora (CHAUNCEY, 1979, p. 111-112; 44: 186-87; e 277-78).

O pesquisador russo Vénguer (1988, p. 251-81) dá uma série de exemplos que mostram a evolução dos jogos de construção elaborados pelas crianças. Comenta que, nesse processo, a criança desenvolve capacidades para medir, imaginar e planejar suas ações e compreender tarefas colocadas pelo adulto. A idade dos 3 anos marca a introdução de um tipo de construção que se diferencia dos anteriores realizados com cubos grandes que só se podem empilhar. A ideia da construção exige a ação de transformar algo por meio da união de vários elementos: areia, terra ou peças de construção. Com as peças ilustradas a seguir, Vénguer (1988, p. 252) exemplifica inúmeras situações de construção: um cubo, um semicubo, um ladrilho grande, outro pequeno, uma barra, uma placa, um teto, um cilindro, um semicilindro e um cone.

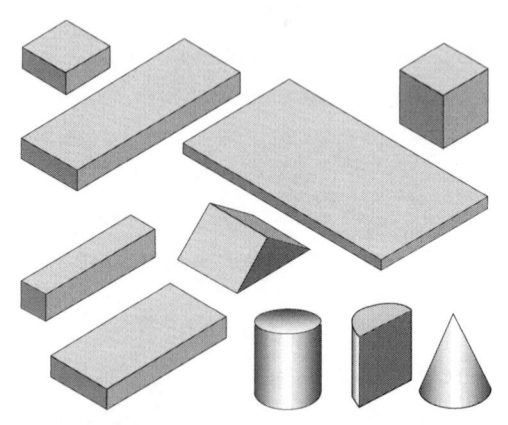

Com base nas ilustrações originais do livro *El hogar: una escuela del piensamiento* (VÉNGUER; VÉNGUER, 1988)

Tais materiais são utilizados por crianças de 3 anos em situações inicialmente orientadas pelo professor como as que seguem:

> *Yura (três anos) olha admirado como o adulto tira da caixa um cubo, coloca-o no chão e por cima põe o teto. Ao mesmo tempo:*
> *– Olha! Este é um cubo. – Coloco por cima um teto. Que construímos?*
> *– Uma casinha.*
> *– Claro, nela morará o coelhinho. (Coloco ao lado da 'casinha' um coelho de brinquedo).*
> *– Agora construa uma casinha para este porco-espinho (e pede para a criança repetir a ação de fazer a casa).*
> *– A segunda casinha está pronta.*
> *Põe ao lado um ladrilho e explica:*
> *Agora construiremos um caminho pelo qual o coelhinho e o porco-espinho possam se visitar.*
> *Pede a Yura para auxiliá-lo. Yura, ao colocar os ladrilhos, deixa um espaço entre eles. Percebendo a dificuldade da criança, o adulto diz:*
> *– Oh! O coelhinho pode tropeçar e cair. (Mostra como o coelhinho, saltando tropeça e cai).*
> *Yura aproxima apressadamente os ladrilhos e continua a construção do caminho para que não se formem lacunas:*

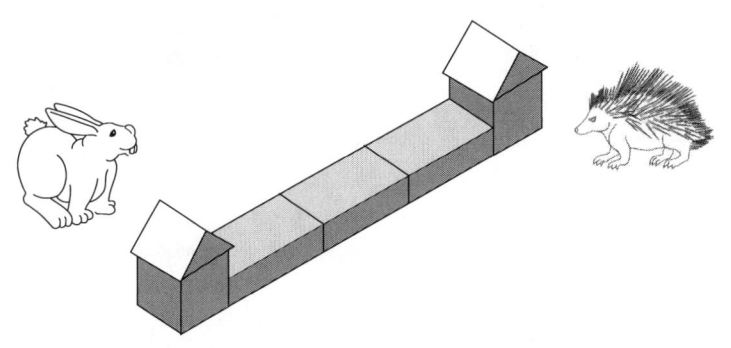

Com base nas ilustrações originais do livro *El hogar: una escuela del piensamiento* (VÉNGUER; VÉNGUER, 1988)

Esse é um exemplo de **jogo de construção por imitação**. A criança reproduz uma ação que o adulto acaba de realizar. É um tipo simples de exercício de construção e o mais adequado para a introdução da criança na atividade. Embora o adulto nomeie as peças que emprega, não se exige que a criança faça o mesmo. Com o tempo ela mesma incorpora a nomenclatura.

Vénguer considera que a atividade de recolocar as peças em suas caixas é importante e útil para o desenvolvimento da percepção e organização da criança.

Outro tipo de construção empregado pela educação infantil russa é a **construção segundo um modelo**.

Vénguer (1988, p. 254-255) descreve o modelo da construção de uma cadeira e uma mesa e dois bonequinhos participam da estória:

> – *Vamos brincar com Petia e Kolia (as bonecas). Kolia tem uma cadeira e uma cama. Certamente Petia também quer ter as suas (sugerindo que a criança construa a mesa e a cadeira para o Petia).*
>
> *Olhando o modelo, Yura prepara apressadamente a cadeira e a caminha tomando para o assento da cadeira um semicubo e não um cubo. Em seguida, constrói ao lado da cadeira uma mesa e coloca um prato sobre ela*
>
> – *Vamos dar a comida aos nossos bonecos.*
>
> *Só que o pobre Petia parece não alcançar a mesa. Yura percebe o erro que comete e o corrige.*

Com base nas ilustrações originais do livro *El hogar: una escuela del piensamiento* (VÉNGUER; VÉNGUER, 1988)

Nesse exemplo, o autor demonstra como a criança aprende a imitar modelos e, ao mesmo tempo, corrige seus erros. Modalidades mais complicadas podem ser elaboradas com plantas e esquemas que representam a construção vista de cima.

Vénguer (1988, p. 255-56) sugere como iniciar a atividade por meio de esquemas:

> – *Olhe – diz – O que desenhei?*
>
> – *Uma cadeira, responde Yura após pensar um pouco.*

– Não. São duas casinhas e entre elas há um caminho. Agora vamos construí-las. Vê? para cada cubo e cada ladrilhinho há um lugar. É preciso colocá-los nos lugares e então não dá para pensar que é urna cadeira.

Coloco o esquema sobre o piso e Yura põe os ladrilhos nos retângulos desenhados. Obtém um caminho. Yura quer, inicialmente, pôr ladrilhos também nos quadrados, mas compreende que isso não está correto porque os ladrilhos saem dos limites dos quadrados.

– Não é assim – diz Yura, e pega um cubo.

No esquema não estão desenhados os tetos porque não se pode vê-los de cima. Todavia, Yura coloca os tetos para fazer casinhas porque já sabe como fazê-lo em função da experiência anterior.

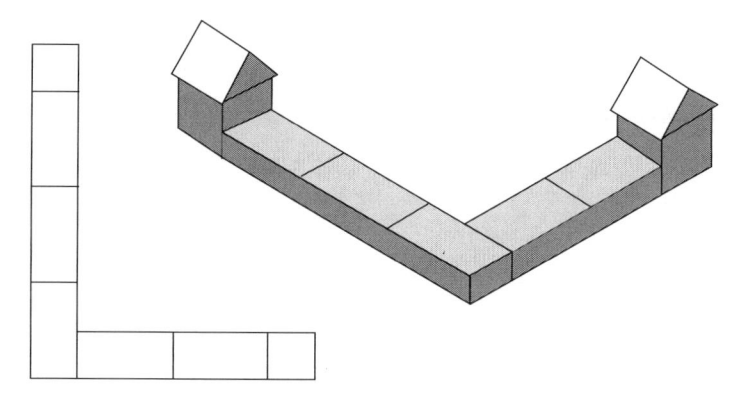

Com base nas ilustrações originais do livro *El hogar: una escuela del piensamiento* (VÉNGUER; VÉNGUER, 1988)

Gradativamente, o professor vai complicando os esquemas e oferecendo maior dificuldade para as construções. Nessas tentativas, a criança percebe que o mesmo esquema permite o uso de peças de diferentes tamanhos e espessuras.

Exemplo de esquema que permite variações de peças (VÉNGUER, 1988, p. 260):

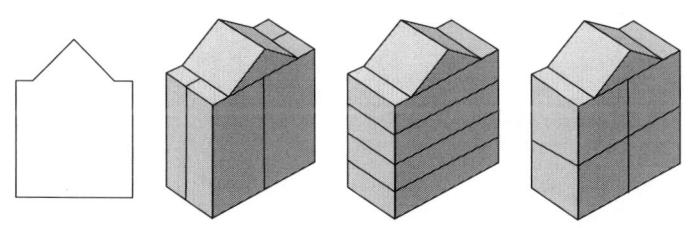

Com base nas ilustrações originais do livro *El hogar: una escuela del piensamiento* (VÉNGUER; VÉNGUER, 1988)

Exemplos de esquemas reduzidos (VÉNGUER, 1988, p. 260-61):

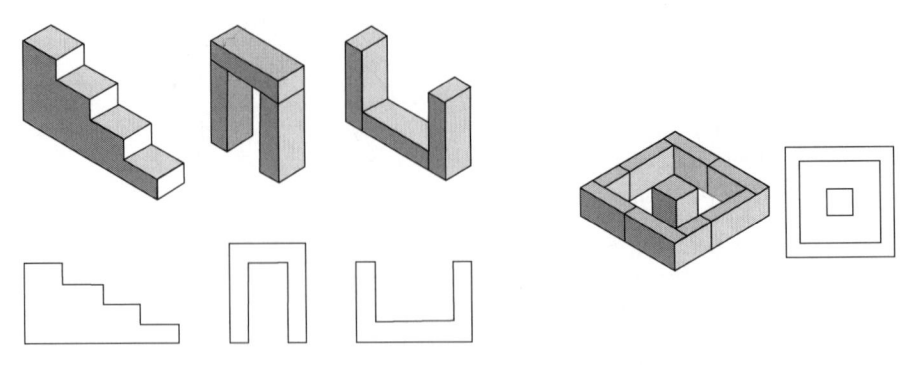

Com base nas ilustrações originais do livro *El hogar*: una escuela del piensamiento (VÉNGUER; VÉNGUER, 1988)

Outra modalidade de exploração do jogo recebe a denominação de **construção por modelos análogos**. São situações em que se utiliza, por exemplo, um avião de brinquedo e se propõe à criança que o reproduza com o material. Objetos reais e desenhos servem como modelos análogos. No caso de desenhos, nem sempre a construção se ajusta perfeitamente ao desenho.

Exemplo: (id., ibid., p. 264)

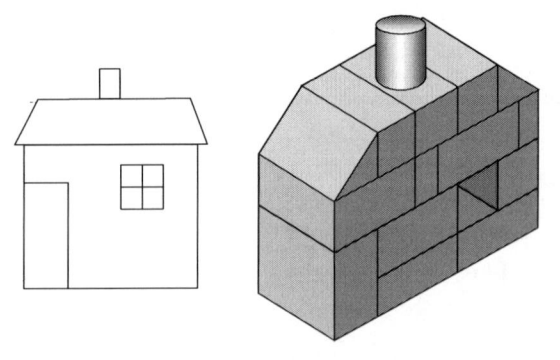

Com base nas ilustrações originais do livro *El hogar*: una escuela del piensamiento (VÉNGUER; VÉNGUER, 1988)

Finalmente, Vénguer cita exemplos de construções feitas segundo o próprio projeto da criança ou segundo alguma condição dada pela brincadeira em que está envolvida. No último caso, durante situações que transcorrem entre uma construção e outra, aparecem contextos como os descritos a seguir (ibidem, p. 269-70):

Yura (três anos) brinca com seu caminhãozinho. Carrega cubos, transportando-os de um extremo a outro da sala e ali os descarrega. Aproximo-me dele.

– Não falta um caminho para seu caminhão?

– Sim.

– Então, vamos construí-lo?

Essa ideia agrada. Começa a fazer o caminho com ladrilhinhos. Quando termina, põe o caminhão nele sem prestar nenhuma atenção ao tamanho do caminho que é muito menor do que a distância entre as rodas do caminhão. Como resultado, as rodas ficam no ar e o caminhão inclina ao roçar seus eixos nos ladrilhos.

– Parece que teu caminhão não cabe no caminho – assinalo.

Yura está de acordo e se põe a buscar materiais na caixa de construção: pergunto o que busca e ele responde:

– Ladrilhos grandes.

A ideia parece racional, mas não há ladrilhos maiores. Logo Yura se convence disso. Permanece sentado um tempo, olhando desconcertado o montão de material que espalhou pelo piso. Mas eis que encontra a solução: na primeira fileira de ladrilhos coloca uma segunda. O caminho dobra de tamanho.

Nesse relato fica claro o esforço do professor na introdução de desafios para criar uma **zona de desenvolvimento proximal** por meio da brincadeira. Na ação livre de transportar blocos de um lado para outro, um novo problema colocado pelo professor enriquece a experiência da criança que se esforça na construção de um caminho, mobilizando habilidades mentais para solucioná-lo: um caminho pequeno demais para seu caminhão e a inexistência de peças de construção em tamanho maior. Esse esforço exige a utilização da potencialidade da criança, de conteúdos cognitivos que são empregados para a solução de um problema. Instala-se a **zona de desenvolvimento proximal** que permite à criança dar um salto em seu desenvolvimento, auxiliada pela ação estimuladora do adulto em um contexto de brincadeira.

Vénguer (1988, p. 274) comenta a importância de o professor auxiliar o aluno na consecução de seus projetos. Criança pequena tem dificuldade para concretizá-los porque não consegue ainda antecipar um plano. O professor tem que aguardar seu amadurecimento para depois auxiliá-la. Não se pode antecipar sugerindo e fazendo o que a criança deveria fazer.

Crianças de 5 anos já podem trabalhar com esquemas de desenhos para fazer suas construções como os modelos a seguir (ibidem, p. 277-78):

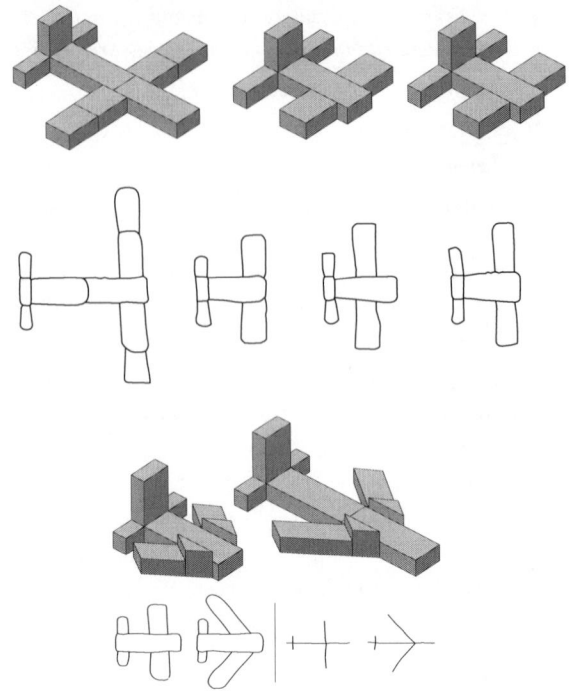

Com base nas ilustrações originais do livro *El hogar: una escuela del piensamiento* (VÉNGUER; VÉNGUER, 1988)

O projeto da criança pode surgir, muitas vezes, de uma conversa com o professor, como narra Vénguer (id., ibid., p. 280-81):

> *Quando você foi ao passeio com a mamãe, viu algo interessante? pergunta a Yura (seis anos) – Algo que possamos construir?*
>
> *– Vimos uma betoneira. Andava pelo asfalto para deixá-lo liso: pode-se construir.*
>
> *– Bem, então, vamos fazê-lo. Desenhe-me como era.*
>
> *Em um desenho de Yura a betoneira parecia muito com um automóvel de passeio, somente com três rodas. Dentro desenha um motorista sentado ao volante. Perguntei se com cubos podíamos fazê-lo. Yura, com pesar, comenta que o volante e o motorista não se podem fazer. Então, proponho que desenhe exatamente o que poderíamos construir com nosso material.*
>
> *– As rodas se podem fazer – diz com segurança. Yura desenha três círculos.*
> *– Serão os cilindros. Agora a betoneira: com certeza vai bem um cilindro. E a cabina assim... Não, assim não dá... Sim. Sim! Falta um cubo ali, meio cilindro. Obteve-se um desenho que é um magnífico esquema que permite reproduzir sem nenhuma dificuldade uma betoneira a partir do material de construção.*

Com base nas ilustrações originais do livro *El hogar*: una escuela del piensamiento (VÉNGUER; VÉNGUER, 1988)

Em todos os momentos o autor demonstra a importância do planejamento, da previsão de um modelo idealizado do que se vai construir antes de partir para a ação. Esse esforço mental de imaginar o que se vai produzir é o que colabora para o desenvolvimento da inteligência e da criatividade. Entretanto, se a criança desconhece formas concretas de traduzir na prática o modelo idealizado, não há possibilidade de concretizá-lo. Vénguer mostra, em seu estudo, como o professor pode colocar, à disposição do aluno, técnicas disponíveis para muni-lo de recursos para materializar seus projetos sem cercear sua ação.

O JOGO INFANTIL SEGUNDO PIAGET, WALLON, VYGOTSKY E BRUNER

Embora as pesquisas em torno do jogo tenham se iniciado no início do século XX, e sua intensidade tenha variado conforme as contingências políticas e sociais de cada contexto social, o ressurgimento das pesquisas psicológicas sobre o jogo infantil nos anos 1970 foi em grande parte estimulado por Piaget e sua obra, *A formação do símbolo na criança* (1978). Seguindo uma orientação cognitiva, o autor analisa o jogo integrando a vida mental e caracterizado por uma particular orientação do comportamento que denomina assimilação.

Para Piaget, cada ato de inteligência é definido pelo equilíbrio entre duas tendências: assimilação e acomodação. Na assimilação, o sujeito incorpora eventos, objetos ou situações dentro de formas de pensamento, que constituem as estruturas mentais organizadas. Na acomodação, as estruturas mentais existentes reorganizam-se para incorporar novos aspectos do ambiente externo. Durante o ato de inteligência, o sujeito adapta-se às exigências do ambiente externo, enquanto, ao mesmo tempo, mantém sua estrutura mental intacta. O brincar, neste caso, é identificado pela primazia da assimilação sobre a acomodação, ou seja, o sujeito assimila eventos e objetos ao seu eu e suas estruturas mentais.

Piaget (1978) observa ao longo do período infantil três sucessivos sistemas de jogo: de exercício, simbólico e de regras. O jogo de exercício, que aparece durante os primeiros 18 meses de vida, envolve a repetição de sequências já estabelecidas de ações e manipulações, não com propósitos práticos ou instrumentais, mas por mero prazer derivado da mestria de atividades motoras. Em torno de um ano de idade tais exercícios práticos tornam-se menos numerosos e diminuem em importância. Eles começam a se transformar em outras formas: 1) a criança passa a fazer repetições fortuitas e combinações de ações e de manipulações; depois define metas para si mesma e os jogos de exercícios são transformados em construções; 2) os jogos de exercícios adquirem regras explícitas e, então, transformam-se em jogos de regras.

Os jogos simbólicos surgem durante o segundo ano de vida com o aparecimento da representação e da linguagem, De acordo com Piaget, a brincadeira de faz de conta é inicialmente uma atividade solitária que envolve o uso idiossincrático de símbolos: brincadeiras sociodramáticas usando símbolos coletivos não aparecem senão no terceiro ano de vida. No modelo piagetiano, o faz de conta precoce envolve elementos cujas combinações variam com o tempo: 1) comportamento descontextualizado, como dormir, comer; 2) realizações com outros como dar de comer ou fazer dormir o urso; 3) uso de objetos substitutos, como blocos no lugar de boneca; e 4) combinações sequenciais imitando ações desenvolvem o faz de conta.

Com o aparecimento do jogo simbólico, a criança ultrapassa a simples satisfação da manipulação. Ela vai assimilar a realidade externa ao seu eu, fazendo distorções ou transposições. Da mesma forma, o jogo simbólico é usado para encontrar satisfação fantasiosa por meio de compensação, superação de conflitos, preenchimento de desejos. Quanto mais avança em idade mais caminha para a realidade.

O terceiro tipo de jogo que Piaget examina é o de regras que marca a transição da atividade individual para a socializada. Esse jogo não ocorre antes de 4 a 7 anos e predomina no período de 7 a 11 anos. Para Piaget, a regra pressupõe a interação de dois indivíduos e sua função é regular e integrar o grupo social. Piaget distingue dois tipos de regras: as que vêm de fora e as que são construídas espontaneamente. O contraste entre os dois tipos de ações governadas por regras é explorado na obra O julgamento moral da criança. No livro A formação do símbolo na criança, Piaget focaliza os jogos espontâneos com regras baseadas em concordância temporária. Ele vê tais jogos espontâneos como representando os resultados da socialização proveniente de jogos de exercícios e simbólicos.

Em suma, Piaget assegura que o desenvolvimento do jogo progride de processos puramente individuais e símbolos idiossincráticos privados que derivam da estrutura mental da criança e que só por ela podem ser explicados.

Com o advento da capacidade de representação, a assimilação fica não só distorcida, mas também fonte de deliberados faz de conta. Assim, o jogo de faz de conta leva a criança a rever sua experiência passada para a satisfação do ego mais do que a subordinação à realidade.

Ao analisarem a origem do comportamento lúdico, Piaget (1978) e Wallon (s.d.) concordam que ele provém da imitação que representa uma acomodação ao objeto. Embora Wallon não empregue este termo (como complemento de assimilação), para falar da atividade cognitiva, como o faz Piaget, Wallon vê na acomodação postural a base do que se tornará a imagem. Vê, na imitação, uma participação motora do que é imitado e um certo prolongamento da imitação do real. Entre os dois autores a imagem é considerada como um prolongamento do que é, na origem, a imitação do real. Ou seja, que a origem da representação está na imitação.

Embora o significado da imitação não seja exatamente o mesmo, a importância de processos imitativos para a constituição da representação é apontada por autores que estudam a representação mental como Piaget, Wallon e Vygotsky. Se a representação nasce da imitação, o aparecimento de brincadeiras simbólicas depende do domínio de processos imitativos.

Com certa semelhança com Piaget, Wallon classifica os jogos em quatro tipos: *funcionais, de ficção, de aquisição* e *de construção*. As atividades lúdicas funcionais representam os movimentos simples como encolher os braços e pernas, agitar dedos, balançar objetos etc. As atividades lúdicas de ficção são as brincadeiras de faz de conta com bonecas. Nas atividades de aquisição, a criança aprende vendo e ouvindo. Faz esforços para compreender coisas, seres, cenas, imagens e, nos jogos de construção, reúne, combina objetos entre si, modifica e cria objetos. Para Wallon, a atividade lúdica é uma forma de exploração, de infração da situação presente. Esse autor se aproxima de Vygotsky quando analisa o psiquismo infantil como resultado de processos sociais. Na origem da conduta infantil, o social está presente no processo interativo da criança com o adulto que desencadeia a emoção responsável pelo aparecimento do ato de exploração do mundo.

Inúmeros estudos, mais amplos, têm feito uma revisão das pesquisas sobre o jogo infantil com referencial piagetiano. A esse respeito veja Fein, 1981; Fein e Rivkin, 1986; Rubin, 1980; e Rubin, Fein e Vandenberg, 1983 (apud NICOLOPOULOU, 1991, p. 133).

Segundo Nicolopoulou, tais pesquisas não têm enriquecido a nossa compreensão sobre a brincadeira espontânea da criança. Tal fato se deve a questões metodológicas e ao próprio Piaget e seus seguidores (1991, p. 133). Nas obras, A *formação do símbolo na criança* e no *Julgamento moral na criança*, Piaget analisa, no segundo estágio do jogo, o simbólico calcado na fantasia e em elementos emocionais que não foram pesquisados em suas obras posteriores. O terceiro estágio, em que situa o desenvolvimento individual no contexto social, também é pouco explorado em suas obras. Aspectos sociais e emocionais, embora citados em pesquisas anteriores, não recebem muita atenção do autor, razão pela qual é, muitas vezes, questionado. Como diz Nicolopoulou (1991, p. 133), "a ausência da dimensão sociocultural na pesquisa piagetiana sobre o jogo infantil tem sido o maior fator para o aumento do espaço da penetração de Vygotsky, em cuja obra essa dimensão é central". Tais críticas parecem estar surtindo alguns efeitos. Já existem piagetianos atuando em áreas interdisciplinares, analisando sobretudo a influência do contexto social na constituição da inteligência (veja obras de Perret-Clermon, Sinclair, Stamback, Lézine).

Outra grande influência nas pesquisas psicológicas sobre o jogo infantil vem da psicologia russa, com L. S. Vygotsky. Sua abordagem parece emergir como alternativa à teoria de Piaget, especialmente no que se refere a um detalhamento da participação do contexto social na formação da inteligência.

A teoria de Vygotsky é mais complexa e mais difusa que a piagetiana. Isso se deve à natureza dos escritos de Vygotsky e ao tipo de influência que exerceu. Seus escritos não são todos traduzidos e sistematizados como os de Piaget. Vygotsky morreu muito cedo e deixou muitos estudos incompletos.

As divergências entre Piaget e Vygotsky acerca do jogo infantil parecem incidir especialmente em diferenças conceituais. Embora Vygotsky (1988) tenha enfatizado a existência do gesto de apontar como o nascimento da atividade simbólica, seus colaboradores, entre eles Elkonin e Zaporozjets (1974), colocam o nascimento do símbolo a partir do processo de interiorização. Consideram que, antes da interiorização, não existe atividade simbólica. É esta definição do simbolismo que cria a diferença de interpretação entre autores Vygotskyanos, piagetianos e wallonianos.

O que os russos chamam jogos imitativos, os autores de língua francesa chamam jogos simbólicos. Para os Vygotskyanos, os jogos são condutas que imitam ações reais e não apenas ações sobre objetos ou uso de objetos substitutos. Não há atividade propriamente simbólica se os objetos não ficam no plano imaginário e são evocados mais por palavras que por gestos. Desta forma, pesquisadores russos, como Fradkina e Slavina, concluem que a atividade simbólica aparece em torno de 3 anos, diferentemente de outros pesquisadores que a situam em torno de 18 meses a 2 anos. Para os seguidores de Vygotsky, o ato lúdico propriamente dito começa aos 3 anos com o de papéis, diferindo de Piaget que propõe o de exercício no nível sensório-motor. Vygotsky valoriza o fator social, mostrando que no jogo de papéis a criança cria uma situação imaginária, incorporando elementos do contexto cultural adquiridos por meio da interação e comunicação. A noção central é que se desenvolve uma "zona de desenvolvimento proximal" em que se diferenciam o nível atual que a criança alcança com a solução de problemas independentes e o nível de desenvolvimento potencial marcado pela colaboração do adulto e pares mais capazes. E o jogo é o elemento que irá impulsionar o desenvolvimento dentro da zona de desenvolvimento proximal.

Para Vygotsky (1982 e 1988), há dois elementos importantes na brincadeira infantil: a situação imaginária e as regras. Em uma ponta encontra-se o jogo de papéis com regras implícitas e, em outra, o jogo de regras com regras explícitas. Há um processo que vai de situações imaginárias explícitas, com regras implícitas, às situações implícitas, com regras explícitas. Por exemplo, a criança imita um motorista de trem que vai de um lugar a outro, mudando o roteiro conforme suas regras implícitas. No jogo de futebol, as regras são explícitas, mas a situação varia conforme a estratégia adotada pelos participantes.

Vygotsky (1988) deixa claro que, nos primeiros anos de vida, a brincadeira é a atividade predominante e constitui fonte de desenvolvimento ao criar zonas de desenvolvimento proximal. Ao prover uma situação imaginativa por meio da atividade livre, a criança desenvolve a iniciativa, expressa seus desejos e internaliza as regras sociais.

Os estudiosos de Vygotsky focalizam a questão da atividade social, especialmente na interação entre crianças e profissionais de creches. As brincadeiras são aprendidas pelas crianças no contexto social, tendo o suporte orientador de profissionais ou crianças mais velhas. Coloca-se em evidência, segundo Nicolopoulou (1991, p. 137), que tais jogos colaboram para a emergência do papel comunicativo da linguagem, a aprendizagem das convenções sociais e a aquisição de habilidades sociais (veja Bruner, 1975, 1977; Cohen, 1987; Garvey, 1977; Kaye, 1992; Ratner e Bruner, 1978; Ross e Kay, 1980; Sachs,1980). Segundo o pesquisador, estudos recentes mostram como o suporte de profissionais configura o comportamento. Poucos documentam em detalhes como tais interferências ocorrem nas brincadeiras e, geralmente, esta importante linha de pesquisa fica limitada a um tipo simples de brincadeiras de papéis, de mãe e do bebê.

Nicolopoulou considera tal perspectiva estreita por dois motivos: primeiro, por traçar apenas os efeitos do mundo social focalizando o contexto de interação face a face. Segundo, a ênfase na análise de tais interações incide especialmente sobre as formas linguísticas. Mesmo a combinação de tais fatores limita a pesquisa apenas à identificação dos efeitos imediatos presentes no contexto da investigação. Não se buscam razões ocultas ou que não estão presentes no contexto propriamente dito. Sabe-se que o mundo social oferece influências indiretas, mediadas e difusas e identificá-las requer uma estrutura interpretativa que vai além da atual interação e que leve em conta não só o discurso entre os participantes da interação. Por tais razões, os estudos atuais se limitam à descrição de habilidades cognitivas, linguísticas ou sociais e não identificam matrizes socioculturais que explicitam os significados, imagens e papéis expressos durante as interações. Desta forma, Nicolopoulou (p. 138) comenta que, ironicamente, a falta de dimensão sociocultural da teoria de Piaget deu espaço à de Vygotsky, a qual ainda não chegou a gerar estudos sistemáticos sobre os elementos socioculturais presentes no jogo.

Corsaro e Schwarz (1991, p. 234-54), preocupados com o jogo na educação infantil, consideram que a teoria construtivista influenciou bastante os programas de educação infantil. Apesar de reconhecer o mérito da teoria, apontam pesquisas recentes e desenvolvimentos teóricos no campo da socialização da infância que merecem destaque. Entre eles encontram-se os que utilizam o referencial de Bruner. Tais estudos partem do pressuposto de que a socialização infantil precisa ser compreendida como social e coletiva. Essa abordagem interpretativa vê o desenvolvimento como um processo de apropriação pela criança de sua cultura. A criança entra no sistema social e, ao interagir e negociar com outros, estabelece compreensões que se tornam conhecimento social que constrói continuamente. Tal modelo interpretativo refina o que os autores entendem ser a noção linear de Piaget, os estágios, vendo o desenvolvimento como um processo produtivo-reprodutivo de crescente densidade e reorganização do conhecimento, que se modifica em decorrência do desenvolvimento cognitivo e das habilidades de linguagem da criança, bem como de mudanças em seu mundo social.

Interagindo com pares e parceiros de brincadeiras, participando em grupos organizados de brinquedos e frequentando escolas maternais, crianças produzem conjuntamente a cultura de pares. Tais experiências permitem a gradual transformação do conhecimento infantil e de suas habilidades.

A pesquisa realizada por Corsaro e Schwarz (1991) focaliza a cultura de pares nos anos pré-escolares, por meio de estudo etnográfico de interação entre pares em escolas maternais nos Estados Unidos e Itália. Os autores descobriram com Bruner (1986) que a negociação coletiva é o ponto central de tais processos culturais. Embora reconhecessem a importância de adultos (especialmente de pais e professores) em tais negociações, os autores concentraram sua análise na interação de pares e na cultura.

Corsaro assinala a influência dos professores que trabalham com as crianças pequenas como parceiros de brincadeiras. Afirma que, embora emerja nas brincadeiras espontâneas das crianças, a cultura dos pares é produzida frequentemente como reação ao mundo adulto. As ideias dos adultos, os materiais, as regras, as restrições podem ser as estruturas ou limites nos quais é feita a cultura de pares. Algumas dessas estruturas e limites provêm do mundo adulto que a criança traz de sua família; outras originam-se na pré-escola e dependem do ambiente, do currículo e da ação do professor (id., ibid., p. 235). Segundo o autor, os professores de educação infantil diferem dos da escola elementar e da classe de pré-escola *(kindergarten)* porque se colocam como pares de crianças, entram nas disputas, negociam valores e atividades Ou rotinas. Os professores dos pequenos têm grande influência sobre as crianças porque os programas são menos estruturados e organizados em conjunto com as crianças. Assim, os professores de educação infantil podem funcionar como parceiros de brincadeiras e produzem a cultura de pares em direção à reprodução do mundo adulto.

Se Piaget, Wallon e Vygotsky colocam a imitação como a origem de toda representação mental e a base para o aparecimento do jogo infantil, Bruner (1976) tem uma nova forma de interpretar o desenvolvimento da atividade simbólica. Para o autor, a origem da atividade simbólica não depende apenas de jogos de exercícios funcionais, mas de brincadeiras compartilhadas entre a mãe e a criança, que conduzem às atividades motoras e vocais. Observa-se que é todo um conjunto de atividades da criança que é assim reintroduzido entre os jogos de exercícios funcionais e os jogos simbólicos..

Bruner (1978 e 1986) analisa a evolução da conduta da criança, em situações como apontar, sempre na presença da mãe ou do adulto responsável. Não se preocupa apenas com o ato de apontar em si, mas como essa conduta se torna possível. Ele analisa o ato de apontar como o resultado de um dado momento do desenvolvimento, que é fruto de um longo período de história de brincadeiras compartilhadas entre a mãe e a criança. Bruner insiste nas trocas interativas entre a criança e a mãe como fonte de desenvolvimento cognitivo e meio para atribuir significado aos objetos ou aos fenômenos.

Para o autor, não se trata apenas de aplicar um esquema para atribuir significados, como pensa Piaget. A atribuição de significados poderá provir de condutas suscitadas pela mãe, impulsionadas por ela nas primeiras trocas lúdicas, aparecendo no quadro de trocas de comunicação. Bem antes do gesto ostensivo de indicação encontram-se duas ordens de fatos que têm importância decisiva: de um lado, a troca e o cruzamento de olhares; de outro, as vocalizações que têm um valor de comunicação, na medida em que a observação minuciosa mostra que elas se diferenciam muito cedo na interação mãe-crianças. Com tais pesquisas, Bruner (1978) demonstra que a brincadeira do bebê em parceria com a mãe auxilia a aquisição da linguagem, a compreensão de regras e colabora com o seu desenvolvimento cognitivo. Bruner (1976) considera que a brincadeira permite uma flexibilidade de conduta e conduz a um comportamento exploratório. Da mesma forma, em outras pesquisas com pré-escolares, conclui que o jogo infantil contribui para a solução de problemas.

No campo dos jogos infantis a existência de teorias diversas como as apontadas demonstra que, apesar de suas diferenças, há uma complementaridade entre elas. Os autores citados procuram aprofundar áreas que consideram pouco exploradas por outros pesquisadores. O que os críticos apontam, com maior insistência, é a inexistência de pesquisas que demonstrem a relevância do jogo no contexto cultural.

Para aperfeiçoar pesquisas nesse campo é preciso que o professor e o pesquisador trabalhem em conjunto, com um referencial comum, e utilizem o rico campo etnográfico, rastreando as brincadeiras dentro do contexto cultural, com a colaboração de sociólogos e antropólogos. Da mesma forma, é preciso investigar, de modo mais acurado, a participação dos brinquedos e dos jogos nos currículos de educação infantil. Se o jogo e o trabalho são os elementos fundamentais para um projeto de educação infantil, as investigações nessa área demandam um cuidado especial.

Atualmente, no Brasil, a grande maioria de teses e dissertações acerca da educação infantil incorpora reflexões em torno da importância dos brinquedos e brincadeiras para esse nível de ensino. Kishimoto (1993) identificou cerca de 16 diretamente relacionadas ao pré-escolar e cerca de 11 de natureza mais geral cadastradas nos programas de pós-graduação em educação, no período em 1971 a 1991.

REFERÊNCIAS BIBLIOGRÁFICAS

ALAIN. *Propos sur l'éducation.* Paris: PUF, 1957.
ARIÈS, P.; MARGOLIN, J. C. *Les Jeux à la Renaissance.* Paris: Librairie Philosophique J. Vrin, 1982.
_____. *História social da criança e da família.* 2. ed. Rio de Janeiro: Guanabara, 1978.
AZEVEDO, Maria Verônica Rezende de. *Jogando e construindo matemática.* São Paulo: Unidas, 1993.
BALLY, Gustay. *El juego corno expresión de lihertad.* México: Fondo de Cultura Econômica, 1958.
BOMTEMPO, Edda; HUSSEIN, Carmem Lucia; ZAMBERLAN, M. A. T. *Psicologia do brinquedo.* São Paulo: Editora da Universidade de São Paulo: Nova Stella, 1986.
BROUGÈRE, Gilles. *Des usages de la notion de jeu. Coloque Jeu et Jeux graphiques dans la Litterature de Jeunesse.* Paris: Juillet, 1985.
_____. La notion de jeu éducatif dans l'école maternelle française au début du XXème siècle. In: *Actes de la 3e. rencontre du Groupe International de Travail sur L'Histoire de l' Education de la Petite Enfance.* Paris: Université René Descartes, 1987.
_____. Le role du jouet dans l'impregnation culturelle de l'enfant. In: *L' éducation par le jeu et l'environnement.* n. 29, p. 26-31, 1988.
_____. *Les jouet ou la production de l' enfance:* l'image culturelle de l'enfance à travers du jouet industriel. Paris VIII, v. I, tese do 3º ciclo, UER d'ethnologie, 1981.
BRUNER, J. S.; RATNER, N. Games, Social Exchange and the Acquisition of Langage. In: *Journal of Child Language,* v. 5, n. 3, p. 391-401, out. 1978.

_____. *Actual Minds. Possible Worlds*. Cambridge: Massachusetts: Harvard University Press, 1986.

_____ et alii. (eds.). *Play: its Role in Development Evolution*. Nova York: Penguin Books, 1976.

CAILLOIS, R. *Les jeux et les hommes*. Paris: Gallimard, 1958.

CAMPAGNE, Francis. *Le jouet, l'enfant, l'éducateur – rôles de l'objet dans le développement de l'enfant et le travail pédagogique*. Paris: Privat, 1989.

CAMPOS, Terezinha Calil Padis. *A representação de idade e sexo nas fotografias de anúncios de publicidade*: esteriótipos socializadores. São Paulo: PUC, 1983 (Dissertação de mestrado).

CARDIM, Fernão. *Tratados de terra e gente do Brasil*. Rio de Janeiro: Editores J. Leite & Cia., 1925.

CASCUDO, Luís da Camara. *Literatura oral no Brasil*. São Paulo: Itatiaia, 3. ed., 1984a.

_____. *Vaqueiros e cantadores*. Belo Horizonte: Itatiaia; São Paulo: USP, 1984b.

CHAMBOREDON, Jean-Claude; PRÉVOT, Jean. O ofício de criança: definição social da primeira infância e funções diferenciadas da escola maternal. In: *Cadernos de Pesquisa*. São Paulo, n. 59, p. 32-56, novembro de 1986.

CHATEAU, Jean. *Le jeu et l'enfant*. 7. ed. Paris: Librairie Philosophique J. Vrin, 1979.

CHAUNCEY, Henry. *La educación prescolar en la Union Sovietica*. Tomo I. Programa de ensino traduzido do castelhano da versão inglesa por Berdagué, Roser. Barcelona: Editorial Fontanella S.A., 1979.

CHAUVEL, Denise A.; MICHEL, Viviane. *A la maternelle: des jeux avec des règles à faire ou à inventer pour développer l'intelligence*. Paris: Editions Retz, 1984.

CHRISTIE, James F. La fonction de jeu au niveau des enseignements préscolaires et primaires (1. parte). In: *L'éducation par le jeu et l'environnement*. 3. trimestre, n. 43, p. 3-8, 1991a.

_____. Programme de jeux pour les structures préscolaires et les cours primaires (2. ed.). In: *L'education par le jeu et l'environnement*, n. 44, p. 36, 1991b.

CORSARO, W.; SCHWARZ, K. Peer Play and Socialization in Two Cultures. Implications for Research and Practice. In: SCALES, B.; ALMY, M.; NICOLOPOULOU, A.; ERVIN-TRIPP, S. (eds.). *Play and the Social Context* of Development in Early Care and Education. United States: Columbia University: Teachers College Press, p. 234-54, 1991.

COSTA, Eneida Elisa Mello. *O jogo com regras e a construção do pensamento operatório.* São Paulo: IPUSP, 1991 (Tese de doutorado).

D'ALLEMAGNE, Henry René. *Histoire des Jeux.* (Obra com 574 ilustrações no texto das quais 232 gravuras são dele com 60 pranchas coloridas à aquarela. A pedido do Autor. s.d.)

DECROLY, Monchamp. *Initiation à l'activité intelectuelle et motrice par les jeux éducatifs.* Paris: Delachaux & Niestle S.A., 1926.

DEL PRIORE, Mary. (org.) *História da criança no Brasil.* São Paulo: Contexto, 1991.

ELKONIN, D. B. *Psicologia del juego.* Trad. Hurtado, Ca. Dra. Josefina L., Habana: Editorial Pueblo y Educación, 1984.

FERNANDES, Florestan. *Folclore e mudança social na cidade de São Paulo.* Petrópolis: Vozes, 1979.

FOURNIER, Edouard. *Histoire des jouets et des jeux.* Paris: E. Dentu Editeur, 1889.

FREYRE, Gilberto. *Casa Grande & Senzala.* Brasília: Universidade de Brasília, 1963.

FROEBEL, F. *La educación del hombre.* Tradução do alemão por Zulueta, Luis de, s.l.: Daniel Jorro Editor, 1913.

GALIFRET-GRANJON. *Naissance et évolution de la répresentation chez l'enfant.* Paris: PUF, 1981.

GARCIA, Rose Marie Reis; MARQUES, Lilian Argentina. *Jogos e passeios infantis.* Porto Alegre: Karup, 1989.

GARKOV, Adriana Friedman. *Jogos tradicionais na cidade de São Paulo:* recuperação e análise da sua função educacional. São Paulo: UNICAMP, 1990. (Dissertação de mestrado).

GIRARD, Jeanne Me. *L'Éducation de la Petite Enfance.* Paris: Librairie Armand Colin, 1908.

GOMES, Cleomar Ferreira. *Brinquedos e brincadeiras em grupos de meninos de diferentes culturas:* uma análise da ludicidade. Mato Grosso: Universidade Federal de Mato Grosso. 1993 (Dissertação de mestrado).

GRUNFELD, Frédéric V. *Jeux du monde – leur histoire – comment les construire – comment y jouer.* Gèneve: UNICEF – Editions Lied, 1979.

HALLIER, Judith; MACEDO, Jovino de. Jogos do escolar de São Paulo. In: *Boletim da Faculdade de Psicologia da Universidade de São Paulo.* São Paulo, n. LXXIV. Psicologia Educacional n. 1, 1946.

HELLER, Agnes. *O cotidiano e a história*. 3. ed. São Paulo: Paz e Terra, 1989.

HENRIOT, Jacques. *Sous couleur de jouer – La metaphore ludique*. Paris: Ed. José Corti, 1989.

HOLANDA, Aurélio Buarque. *Novo dicionário da língua portuguesa*. 1. ed. 7. reimpressão. Rio de Janeiro: Nova Fronteira, 1983.

HUIZINGA, Johan. *Homo Ludens:* essai sur la fonction sociale du jeu. Paris: Gallimard, 1951.

IMENES, Luis Márcio. *Problemas curiosos*. São Paulo: Scipione, 1989.

IVIC, Ivan; MARZANOVIC, Aleksandra (eds.) *Tradicional Games and Children of Today*. OMEP/UNESCO, 1986.

JAULIN, Robert. *Jeux et jouets – essai d'ethnotechnologie*. Paris: Aubier, 1979.

JOLIBERT, B. *L'enfant au 17e siècle*. Paris: Librairie Philosophique J. Vrin, 1981.

JORDÃO, Vera Pacheco. *A imagem da criança na pintura brasileira*. Rio de Janeiro: Salamandra, 1978.

KAMII, C.; DEVRIÈS, R. *Jogos em grupo na educação infantil. Implicações da Teoria de Piaget*. São Paulo: Trajetória Cultural, 1991.

KERGOMARD, Pauline Me. *La education maternal*. Traducido por Garcia del Real, Matilde. Madrid: Tipolitografia de J. Faure, 1906, v.2.

KISHIMOTO, Tizuko Morchida. *Jogos tradicionais infantis*. São Paulo: LABRIMP: FAPESP, v. I a VIII, 1992.

_____. O brinquedo na educação: considerações históricas. In: *Ideias. O cotidiano da pré-escola*. São Paulo: Fundação para o Desenvolvimento da Educação. n. 7, p. 39-45, 1990.

_____. *A produção do conhecimento na área da educação infantil*: jogo e representação social da criança. Trabalho apresentado na 16ª Reunião Anual da ANPED – Caxambu – MG, 1993.

_____. *Jogos tradicionais infantis*. São Paulo: Vozes, 1993.

LAUAND, Luiz Jean. *O xadrez na Idade Média*. Prefácio de Herman Claudius. São Paulo: Perspectiva; EDUSP, 1988.

LUIZ, Maria do Carmo; SALVADOR, Maria Nazaré; CUNHA JR., Henrique. A criança (negra) e a educação. In: *Cadernos de Pesquisa*. v. 31, p. 69-72, dez. 1990.

MACHADO, Nilson José. *Medindo comprimentos*. São Paulo: Scipione. 1987.

MARINHO, Inezil Pereira e colaboradores. *Curso de fundamentos e técnicas de recreação*. Rio de Janeiro: Baptista de Souza & Cia. Editores, 1955.

_____. *Educação física. Recreação e jogos*. Rio de Janeiro: Tip. Baptista de Souza & Cia., 1957.

MEDEIROS, Ethel Bauzer; MACHADO, Edvete R. da Cruz. *108 jogos para jardim-da-infância*. Rio de Janeiro: Livraria Agir Ed. 1960.

MEDEIROS, Ethel Bauzer. *Jogos para recreação infantil*. Rio de Janeiro: Fundo de Cultura, 1960.

MELLO, Alexandre Moraes de. *Jogos populares infantis como recurso pedagógico de Educação Física escolar do 1º grau no Brasil*. Rio de Janeiro: UFRJ, EEFD. 1985 (Dissertação de mestrado).

MICHELET, André. Le jeu de l'environnement imaginé. In: *L'education par le jeu et l'environnement*. n. 37, p. 30-38,1990.

_____. Les jeux d'agencement au service de l'évolution affective et intellectuelle de l'enfant. In: *L'education par le jeu et l'environnement*: n. 40, p. 39-42, 1990.

MIRANDA, Nicanor. *200 jogos infantis*. Belo Horizonte: Itatiaia, 1948.

MOTT, M.L.B.A. A criança na literatura de viagens. In: *Cadernos de Pesquisa*. São Paulo: Fundação Carlos Chagas, n. 31, p. 57-68, dez. 1979.

MOURA, Manoel Oriosvaldo de. O Jogo na Educação Matemática. In: *Ideias. O jogo e a construção do conhecimento na pré-escola*. São Paulo, FDE, n. 10, p. 45-53,1991.

NAVARRO, Maria Alice Magalhães. Aproveitamento dos jogos folclóricos na Educação Física (Uma pesquisa em instituições educacionais em São Paulo e Guia de Jogos Folclóricos). São Paulo: Escola de Comunicação e Artes da Universidade de São Paulo, 1985 (Tese de doutorado).

NICOLOPOULOU, Ageliki. Play, Cognitive Development, and the Social World: The Research Perspective. In: *Play and the Social Context of Development in Early Care and Education*. SCALES, B.; ALMY, M.; NICOLOPOULOU, A.; ERVIN-TRIPP, S. (eds.). United States: Columbia University: Teachers College Press, p. 129-42, 1991.

NOGFOLD, Kay P. Utilization de la technique du jeu du monde avec des enfants présentant des troubles du langage. In: *L'education par le jeu et l'environnement*, n. 37, p. 24-29, 1990.

OLIVEIRA, Maria de Lourdes Barreto de. Infância e historicidade. São Paulo: PUC, 1989 (Tese de doutorado).

OLIVEIRA, Paulo Salles. *Brinquedo. Indústria Cultural*. Petrópolis: Vozes, 1986.

_____. *O que é brinquedo*. São Paulo: Brasiliense, 1984.

OLIVEIRA, Vera Barros de. *O símbolo e o brinquedo*: a representação da vida. Petrópolis: Vozes, 1992.

OLIVEIRA, Z. M. R.; MELLO. A. M.; VITÓRIA, T.; FERREIRA, M. C. R. *Creches: crianças, faz de conta & cia.* Rio de Janeiro: Vozes, 1992.

OLIVEIRA, Z. M. R.; ROSSETTI-FERREIRA, M. C. *Jogo de papéis*: uma perspectiva teórica-metodológica para a análise do desenvolvimento e suas implicações na educação. Trabalho apresentado no segundo Colóquio da Associação Nacional de Pós-Graduação e Pesquisa em Psicologia. Gramado, 1989.

OPIE, I. A.; OPIE, P. *Children's Games in Street & Playground.* Oxford: Oxford University Press, 1984.

PARAMONOVA, Larissa A. La Relation entre le jeu et la construction à l'âge préscolaire. In: *L'education par le jeu et l'environnement,* n. 40, p. 29-38,1990.

PIAGET, Jean. *A formação do símbolo na criança.* Rio de Janeiro: Zahar, 1978.

_____. *O julgamento moral na criança.* Trad. por Elzon Lenardon. São Paulo: Mestre Jou, 1977.

PINAZZA, M. A. *Recursos didáticos na pré-escola. Um estudo baseado em depoimento de professores.* São Paulo: Faculdade de Educação da Universidade de São Paulo, 1989 (Dissertação de mestrado).

PLATÃO. Les Lois. In: *Oeuvres complètes.* Paris: Gamier, v. 6 e 7, 1948.

RABECQ-MAILLARD, M. M. *Histoire des Jeux Éducatifs.* Paris: Fernand Nathan, 1969.

REDIN, Euclides. *Representação de criança pré-escolar no Brasil.* Pesquisa baseada em fatores explícitos e implícitos na legislação e na reflexão sobre a realidade da educação infantil em nosso meio. São Paulo: Instituto de Psicologia, 1985 (Tese de doutorado).

ROSAMILHA, Nelson. *Psicologia do jogo e aprendizagem infantil.* São Paulo: Pioneira, 1979.

SCHWARTZMAN, Helen B. *Transformation the antropology of children's play.* Nova York: Plenum, 1978.

SILVA, Garcia e Ferrari. *Memória e brincadeiras na cidade de São Paulo nas primeiras décadas do século XX.* São Paulo: Cortez: CENPEC, 1989.

SOUZA, Maria das Graças Umbelino. *"Coisinha", "Anjinho" ou "Diabinho":* a criança aos olhos do professor pré-escolar. São Paulo: PUC, 1989 (Dissertação de mestrado).

SUTTON, Smith B. (ed.). *Child's Play.* Nova York: John Wiley, 1971.

THÉRIAULT, J.; DOYON, D.; DOUCET, M. e VAN THAM, S. *L'exploitation du matériel dans l'aire des jeux symboliques.* Chicoutimi: Éditions du Département des Sciences de l'Éducation. Université du Quebec à Chicoutimi, 1987.

TRIFU, Alexandru. Une Définition du Jeu. In: *Archives de Psychologie,* n. 54, p. 227-44, 1986.
UEMURA, E. *O brinquedo e a prática pedagógica.* São Paulo: PUC, 1988 (Dissertação de mestrado).
USOVA, A. P. *El papel del juego en la educación de los niños.* Ciudad de La Habana: Editorial del Pueblo y Educación, 1979.
_____. *La ensenãnza en el circulo infantil.* Ciudad de la Habana: Editorial Pueblo y Educación, 1976.
VÉNGUER, L.; VÉNGUER, A. *El hojar: una escuela del pensamiento.* Moscou: Editorial Progreso, 1988.
VIAL, Jean. *Jeu et Éducation.* Les Ludothèques. Paris: PUF, 1981.
VYGOTSKY, L. S. *A formação social da mente.* 2. ed., São Paulo: Martins Fontes, 1988.
_____. *La imaginación y el arte en la infancia.* Madrid: Akal Editor, 1982.
WALLON, Henri. *A evolução psicológica da criança.* Rio de Janeiro: Editorial Andes, s.d.
_____. *Do Acto ao Pensamento.* Lisboa: Portugalia Editora, 1966.
WINNICOTT, W. *O brincar e a realidade.* Rio de Janeiro: Imago, 1976.
WITTGENSTEIN, Ludwig. *Investigações filosóficas.* trad. de Bruni, José Carlos, São Paulo: Abril S. A. Cultural e Industrial, 1975.
ZAPOROZHETS, A. V.; ELKONIN, D. B. (eds.) *The Psychology of Preschool Children.* London: The MIT Press, 1974.

Bibliografia classificada

Jogos tradicionais infantis

Acervo Bibliográfico do LABRIMP sobre Jogos Tradicionais Infantis (cópias).
BALKE, Eva (ed.). *Play and Culture – The child between the world of yesterday and the world of tomorrow.* UNESCO/OMEP, 1987.
BOUSQUET, M. M et al. *Games and Toys in Early Childhood Education.* Paris: UNESCO/ UNICEF, 1988.
BROUGÈRE, Gilles. Le jouet peut-il etre le support de relations entre generations? In *L'Education par le jeu et l'environnement,* n. 37, p. 20-28. Paris, 1990.
_____. Le jouet peut-il etre le support de relations entre generations? In: *L'Education par le jeu et l'environnement,* n. 39, p. 20-27, 1990.

_____. Le role du jouet dans l' impregnation culturelle de l'enfant. In: *L'Education par le jeu et l'environnement*, n. 29, p. 26-31, 1988.

Cadernos do EDM, v. 2, n. 2, FEUSP/EDM, junho de 1990.

CASCUDO, Luís da Camara. *Superstições e costumes*: pesquisas e notas de etnologia brasileira. Rio de Janeiro: Antunes, 1958.

_____. *Literatura oral no Brasil*. 3. ed., São Paulo: Itatiaia, 1984.

CHANAN, Gabriel e Francis. *Hazel, Juegos y juguetes de los niños del mundo*. Barcelona: UNESCO, Serbal, 1984.

Enciclopedia Mirador Internacional. São Paulo, v. 12, 1976, p. 6500-6542.

FERNANDES, Florestan. *Folclore e mudança na cidade de São Paulo*. Petrópolis: Vozes, 1979.

FERRARA, Maria Amorim. *Como brincam as crianças mineiras* (pesquisa folclórica). Minas Gerais: Centro Regional de Pesquisas Educacionais, 1962.

GARKOV, Adriana Friedmann. *Jogos tradicionais na cidade de São Paulo*: recuperação e análise de sua função educacional. Campinas: UNICAMP, 1990 (Dissertação de mestrado).

GRUNFELD, Fréderic V. *Jeux du Monde – Leur histoire, comment y jouer, comment les construire*. Genève, Editions Lied, 1979.

HERZKA, Has Stephan. A propos de L'anthropologie du jeu: le jeu, une voie de developpement dialogique. In: *L'Education par le Jeu et L'environnement*, n. 27, p. 36-42, 1987.

HEYLEN, Jacqueline. *Parlenda, riqueza folclórica*: base para a educação e iniciação à música. 2. ed., São Paulo: Hucitec, 1991.

Ideias, nº 10, *O jogo e a construção do conhecimento na pré-escola*, São Paulo: Fundação para o Desenvolvimento da Educação, 1991.

Ideias, nº 7, *O cotidiano da pré-escola*, São Paulo: Fundação para o Desenvolvimento da Educação, 1990.

IVIC, Ivan; MARJANOVIC, Aleksandra. *Traditional Games and Children of Today*. Belgrad, UNESCO/OMEP, 1986.

Jeux de role: découvrir et réinventer le jeu de societé. In: *L'Education par le jeu et l'environnement*, n. 33, p. 40-42, 1989.

Jogos Tradicionais Infantis do Brasil, v. I a VIII. São Paulo: LABRIMP, 1992.

KAMENOV, Emil. Les jeux traditionnels intellectuels et l'éducation. In: *L'Éducation par le jeu et l'environnement*, n. 32, p. 9-13, 1988.

_____. Les Jeux traditionnels intellectuels et l'education. In: *L'Education par le jeu et l'environnement*, n. 32, p. 9-13, 1988.

_____. Le jeu – un pont pour surpasser la rúpture entre les generations. In: *L'Education par le jeu et l'environnement,* n. 40, p. 3-6,1990.

KAMII E DEVRIES, *Jogos em grupo na educação infantil. Implicações da teoria de Piaget.* São Paulo: Trajetória, 1991.

KISHIMOTO, Tizuko Morchida. *Jogos tradicionais infantis.* São Paulo: Vozes, 1993.

_____. O jogo, a criança e a educação. São Paulo: FEUSP, 1992 (Tese de livre-docência).

KURIMOTO, K. Le jeu chez les enfants au Japon. In: *L'education par le jeu et l'environnement,* n. 42, p. 32-37, 1991.

MEDEIROS, Ethel Bauzer. *Jogos para recreação infantil,* V. I e II. Rio de Janeiro: Fundo de Cultura, 1961.

_____; CRUZ, Edvete R. de. *108 jogos para jardim-de-infância.* Rio de Janeiro: Livraria Agir, 1960.

MELLO, Alexandre Moraes de. Jogos populares infantis como recurso pedagógico da educação física escolar do 1º grau no Brasil. Rio de Janeiro: UFRJ, EEFD, 1985 (Tese de mestrado).

MICHELET, Gisèle. Le jeu et la culture: le jeu entre génerations. In: *L'Education par le jeu et l'environnement,* n. 37, p. 10-14, 1990.

MIRANDA, Nicanor. *200 jogos infantis.* Belo Horizonte: Itatiaia, 1980.

MULLER, Martine. Jeux et jouets interculturels. In: *L'Education par le jeu et l'environnement,* n. 46, p. 39-44, 1992.

NAVARRO, Maria Alice Magalhães. *Aproveitamento dos jogos folclóricos na educação física* (Uma pesquisa em instituições educacionais em São Paulo e Guia de Jogos Folclóricos). São Paulo: Escola de Comunicações e Artes da Universidade de São Paulo, 1985 (Tese de doutorado).

NETO, Saffiati. *O jogo das bolinhas.* Rio de Janeiro: MEC/FUNARTE, 1977.

OPIE, I; Opie, P. *Children's Games in Street & Playground.* Londres: Oxford University, 1984.

REYES, Rosa Mercedes. Le jeu entre generations dans un milieu defavorise en Colombie. In: *L'Education par le jeu et l'environemment,* n. 39, p. 16-19, 1990.

RODRIGUES, Ana Augusta. *Rodas, brincadeiras e costumes.* Rio de Janeiro: Funarte, Pró-Memória, MEC, 1976.

ROSSIE, Jean Pierre. Jeux et jouets sahariens et nord-africains. In: *L'Education par le jeu et l'environnement,* n. 39, p. 28-33, 1990.

SILVA et alii. *Memória e brincadeiras na cidade de São Paulo nas primeiras décadas do século XX.* São Paulo: Cortez/CENPEC, 1989.

SUTTON-SMITH, Brian (ed.). *Children's Play Past, Present & Future, Please Touch Museum.* Filadelfia, 1985.

_____. *Jouets and Culture in L'Education par le jeu et l'environnement,* n. 31, p. 3-7, Paris, 1988.

Jogos de faz de conta

BRUNER, J. S. The Course of Cognitive Growth. In: ANGLIN, J. (ed.) *Beyond the Information Given.* Londres: George Allen & Unwin Ltd, 1974.

Cadernos do EDM, São Paulo: FEUPS, v. 2, n. 2, 1990.

CHAUNCEY, Henry. *La Educacion Preescolar en la Union Soviética.* Tomo I. Programa de ensenãnza, traducido al castellano de la version inglesa por Berdagué, Roser. Barcelona: Editorial Fontanella S.A., 1976.

_____. La Educacion Preescolar en la Union Soviética. Tomo II. Comentario del maestro. Traducido por Berdagué, Roser. Barcelona: Editorial Fontanella S.A., 1972.

ELKONIN, D. D. *Psicologia del juego.* Ciudad de la Habana: Editorial Pueblo y Educación, 1984.

ESTEVA, Boronat, M. M. Las premisas del juego de roles: su formación en los ninõs del 3er ano de vida. In: *Ciencias Pedagógicas,* ano XI, n. 2, p. 2-16, enero-junio, 1990.

HENRY, Evelyne. La poupée en fauteuil roulant. In: *L'Education par le jeu et l'environnement,* n. 42, p. 17-20, 1991.

Ideias n. 7. São Paulo: FDE, 1990.

Ideias, n. 10. São Paulo: FDE, 1991.

NELSON, Katherine; SEIDMAN, Susan. El desarollo del conocimiento social: jugando com guiones. In: TURIEL, E.: ENESCO, I.: LINAZZA, L. (comp.). *El mundo social en la mente infantil.* Madrid: Alianza Editorial, 1989.

OLIVEIRA, Vera Barros de. *O símbolo e o brinquedo:* a representação da vida. Petrópolis, Rio de Janeiro: Vozes, 1992.

OLIVEIRA, Z. M. R.; FERREIRA, M. C. R. Propostas para o atendimento em creches no município de São Paulo. In: *Cadernos de Pesquisa,* n. 56, p. 39-65, fev. 1986.

OLIVEIRA, Z. de M.; MELLO, A. M.; VITÓRIA, T.; FERREIRA, M. C. R. *Creches:* crianças, faz-de-conta & cia. Petrópolis: Vozes, 1992.

PARAMONOVA, Larissa A. La relation entre le jeu et la construction a l'age prescolarie. In: *L' Education par le jeu et l'environnement,* n. 40, p. 31-38, 1990.

PIAGET, Jean. A formação do símbolo na criança. Rio de Janeiro: Zahar, 1975.
USOVA, A. P. El papel del juego en la educación de los ninõs. Habana: Editorial Pueblo y Educacion, 1979.
VYGOTSKI, L. S. A formação social da mente. São Paulo: Martins Fontes, 1988.
_____; LURIA; LEONTIEV. Linguagem, desenvolvimento e aprendizagem. São Paulo: Ícone/USP, 1988.
WALLON, Henri. Do Acto ao Pensamento. Lisboa: Portugalia Editora, 1966.

Jogos educativos

AGOSTINI, Franco. *Juegos de logica y matematicas*. Madrid: Ediciones Pirámide, 1987.
ANOLLI, L.; MANTOVANI, S. *Gioghi finalizzati e materiale strutturato*. Milão: Franco Angeli Editore, 1983.
AZEVEDO, Maria Veronica Rezende de. *Jogando e construindo matemática*. São Paulo: Unidas, 1993.
BROUGÈRE, Gilles. La notion de jeu éducatif dans l'ecole maternelle française au début du XXème siècle. In: *Actes de la 3ème rencontre du Groupe International de Travail sur L'Histoire de l'Education de la Petite Enfance*. Paris: Université René Descartes, 1987.
BRUEL, A. et alii. *Jogos motores na escola maternal*. São Paulo: Manole, 1987.
Cadernos do EDM, FEUSP, v. 2, n. 2, junho, 1990.
CHAMPDAVOINE, Lucette. *Les mathématiques par les jeux* (petite et moyenne section) Paris: Nathan, 1985.
CHATEAU, Jean. *O jogo e a criança*. São Paulo: Summus, 1987.
CHAUVEL, Denise; MICHELE, Viviane. *A la maternelle:* des jeux avec des règles. Paris: Editions Retz, 1984.
DECROLY, Monchamp. *Initiation à l'activité intelectuelle et motrice par les jeux éducatifs*. Paris: Delachaux & Niestle, 1926.
EINON, Doroty. *Creative Play*. Londres: Penguin Books, 1986.
FORMAN, George E.; HILL, Fleet. *Consctructive Play Applying Piaget in the Preschool*. EUA, Addison-Wesley: Publishing-Co., 1984.
IBORRA, Soto et alii. *Los numeros en color en la educación matemática del niño ciego – ensenanza de las ciencias*, v. 5, n. 2, p. 111-117, 1987.
Ideias, n. 10, São Paulo: FDE, 1991.
Ideias, n. 7, São Paulo: FDE, 1990.
JULLEMIER, G. *Jouer, c'est très sérieux*. Des jeux mathématiques des l'age de 3 ans. Paris: Hachette, 1989.

KAMII, C.; Devries, R. *Jogos em grupo na educação infantil*. Implicações da teoria de Piaget. São Paulo: Trajetória, 1991.

_____. *O conhecimento físico na educação pré-escolar*. Porto Alegre: Artes Médicas, 1985.

_____. *A criança e o número*. São Paulo: Summus, 1987.

KOTHE, S. *Pensar é divertido*. São Paulo: EPU, 1973.

LEAR, Roma. *Play Helps:* Toys and Activities for Children with Special Needs. Londres: William Heinemann Medical Books, 1986.

MARCHESI, Franca; MANFERRARI, Marina. *Piccole Invenzioni 2*. Bologna: Thema Editore, 1991.

MATTERSON, E. M. *Play with a Purpose for Under-Seven*. England: Penguin Books, 1980.

MICHELET, André. *Los utiles de la infancia*. Barcelona: Herder, 1977.

PINAZZA, M. A. *Recursos didáticos na pré-escola*: um estudo baseado em depoimento de professores. São Paulo: FEUSP, 1989 (Dissertação de mestrado).

RABECQ-MAILLARD, M. M. *Histoire des jeux éducatifs*. Paris: Fernand Nathan, 1969.

ROSA, Flávia Maria. A aprendizagem através do jogo. In: *Revista do Ensino*. Rio de Grande do Sul. v. 13, n. 101, p. 26-7, 1965.

STANT, Margareth. *Atividades e materiais: a criança de 2 a 5 anos*. 2. ed., São Paulo: Francisco Alves, 1985.

TAHAN, Malba. Jogos didáticos. Estudos sucintos e elementar. In: *Revista Educação*, julho/março, 1972.

VEDELER, Liv. El juego y la educación de los niños deficientes. In: *Perspectivas*, v. XVI, n. 4, p. 517-529, 1987.

Jogos de Construção

BROUGÈRE, Gilles. *La representation de l'habitat dans le jouet*. Paris: Comité pour le développment de l'espace pour le jeu, 1989.

CONTENTIN, Genevieve. Les encastrements composes. In: *L'education par le jeu et l'environnement*, n. 42, p. 3-11, 1991.

GELINAS, Charlotte. Jouets educatifs informatises. In: *L'education par le jeu et l'environnement*, n. 29, p. 37-42, 1988.

MICHELET, André. Le jeu de l'environnement imagine. In: *L'education par le jeu et l'environnement*, n. 37, p. 30-31, 1990.

_____. Les jeux d'agencement au service de l'evolution affective et intellectuelle de l'enfant. In: *L'education par le jeu et l'environnement*, n. 40, p. 39-42, 1990.

_____. Les jeux éducatifs et la conception structuraliste de la pensée. In: *L'education par le jeu et l'environnement*, n. 42, p. 15-16, 1991.

MONTESSORI, Maria. *Pedagogia científica.* Tradução de A. A. Brunetti. São Paulo: Flamboyant, 1965.

NOGFOLD, Kay, P. Utilization de la techique du jeu du Monde avec des enfants présentant des troubles du langage. In: *L'education par le jeu et l'environnement*, n. 37, p. 24-29, 1990.

PARAMONOVA, Larissa A. La relation entre le jeu et la construction à l'age préscolaire. In: *L'education par le jeu et l'environnement*, n. 40, p. 29-42, 1990.

PIAGET, Jean. *A formação do símbolo na criança.* trad. de Alvaro Cabral e C. M. Oiticica, 2. ed. Rio de Janeiro: Zahar, 1975.

PLEASE TOUCH MUSEUM. *Building Block Art.,* 1986.

Revista do Jardim da Infancia, São Paulo: Typographia Espindola & Siqueira, v. I, 1986 e v. II, 1987.

VÉNGUER, L.; VÉNGUER, A. *El hogar: una escuela del pensamiento.* Moscou: Editorial Moscou, 1988.